『十三五』国家重点出版物出版规划项目

徽州文物图录

·四·

杨永生 翟屯建 ◎ 主编

中国科学技术大学出版社

汪得时宅

位于歙县徽城镇南源口村，建于清代。坐北朝南，一进三开间带天井砖木结构二层建筑。通面阔7.5米，通进深8.8米，占地面积66平方米。有木雕，有格子窗。

汪德安宅

位于黟县碧阳镇横岗村，建于清代。坐北朝南，通面阔10.2米，通进深10.65米，占地面积108.6平方米。三开间厅堂式带二厢有天井二层建筑。隔扇门窗、横风窗等木构配件及砖雕门楼保存较好。

汪德春宅

位于歙县坑口乡瀹源村汪村自然村，建于清代。坐西北朝东南，一进三开间砖木结构二层建筑。通面阔10.1米，通进深6.9米，占地面积69.69平方米。门楼有简朴雕刻。

汪德发宅

位于屯溪区新潭镇陈坑村唐罗自然村村中央，建于清代。坐南朝北，一进三开间。占地面积约75平方米。门楼砖雕花卉、鸟兽图案，柱础为方形，斜撑雕饰花草图案。

汪德法宅

位于歙县坑口乡瀹源村汪村自然村，建于清代。坐西北朝东南，三间『品』字砖木结构二层建筑。通面阔9.3米，通进深8.2米，占地面积76.26平方米。砖雕精美，有槛窗、窗衣。

汪德金、方善祥宅

位于歙县北岸镇五渡村，建于清代。坐南朝北，一进三开间。通面阔5.25米，通进深8.45米，占地面积44.36平方米。门楼有砖雕，内有少量木雕。

汪德利、凌荣华宅

位于歙县北岸镇瞻淇村188号，建于明末。二进三开间。通面阔8.9米，通进深13.9米，占地面积123.7平方米。芦苇墙，内部无木雕。

汪德利宅

位于歙县坑口乡瀹源村汪村自然村，建于清末。坐东南朝西北，三进三开间二天井砖木结构二层建筑。通面阔15.95米，通进深33.15米，占地面积528.74平方米。后进三间靠壁天井。牌坊式门楼雕刻精美。前堂左右厢隔扇，木雕槛窗、窗衣。后进前楼沿有梁。

汪德勤等宅

位于黄山区龙门乡龙源村七元里组，建于清代。二进五开间，左厢有一偏房，右厢有一角屋。占地面积237.3平方米，高约6.2米。木架结构穿斗式，斜方格改水门汀地面，天井下明堂地沟式（两侧耳井），板壁墙，天棚望板，中柱直接到顶。

汪德清宅

位于徽州区西溪南镇竦塘村一组，建于清代。坐南朝北，建筑面积226.9平方米。三开间上下二对堂二层建筑。中间为厅，大方砖正铺地，两次间为房。楼上三间分割，柱头夔龙斜撑，屋面无望砖，檐口无望板。

汪德意宅

位于歙县深渡镇漳村湾村漳一组，建于清代。坐南朝北，三开间二厢房二层建筑。通面阔9米，通进深9.8米，占地面积124.2平方米。上下对堂，中间有天井。天井下明堂两侧有门，吊脚门楼，挑檐，有砖雕。

汪德正宅

位于歙县雄村镇庄源村三组，建于清代。坐北朝南，一进三开间二层建筑。通面阔8.91米，通进深6.85米，占地面积61.03平方米。有门套。结构简单。

汪德忠宅

位于歙县上丰乡屯田村里屯自然村，建于清代。一进三开间楼房。通面阔10米，通进深7.4米，占地面积74平方米。砖雕门楼。

汪德珠宅

位于黟县宏村镇宏村，建于清代。坐北朝南，主体通面阔9.4米，通进深8米，占地面积188平方米。三开间二层建筑。

汪德铸宅

位于黄山区龙门乡龙源村七元里组，建于清代。一进三开间。占地面积80.4平方米，高约6米。门脸呈马鞍形，木架结构穿斗式，三合土地坪（现为木板地面），天井下明堂地沟式，板壁墙，天棚望砖。

汪定元宅

位于黟县碧阳镇星火村中光组，建于清代。坐北朝南，通面阔9.8米，通进深9米，占地面积88.2平方米。三开间有天井砖木结构二层建筑。木构架承重，木构架、装修等较完整，门楼较好。

汪发根宅

位于祁门县箬坑乡下汪村。坐西朝东，砖木结构二层建筑。通面阔10米，通进深9.2米，占地面积92平方米。前设天井，屋内木雕隔扇、花窗、门罩等保存较好。

汪芬娟宅

位于歙县徽城镇金山村，建于清代。坐南朝北，一进一开间砖木结构二层建筑。通面阔3.95米，通进深6.15米，占地面积24平方米。

汪丰寿等宅

位于歙县徽城镇金山村，建于清代。坐南朝北，一进三开间砖木结构二层建筑。通面阔7米，通进深8米，占地面积72平方米。麻石门楼，有砖雕，六角柱墩。

汪凤美等宅

位于歙县北岸镇显村，建于清代。坐北朝南，二进三开间。通面阔10.1米，通进深8.6米，占地面积86.86平方米。门楼有部分砖雕，内有诸多精美木雕。

汪凤香宅

位于祁门县历口镇彭龙村上坑组，建于清代。坐北朝南，一进三开间徽派砖木结构二层建筑。通面阔9.6米，通进深10.3米，占地面积99平方米。大门朝东开，砖制门罩，前设天井，青石、木板铺设地面。

汪凤英宅

位于歙县雄村镇雄村，建于明代。坐北朝南，二进三开间二层建筑。通面阔16.6米，通进深9.75米，占地面积161.85平方米。有门楼，无砖雕。有雀替。二楼走廊有木雕花。有3个天井。二层地面由木板加薄砖铺成，原格子门已损坏。

汪凤云宅

位于歙县溪头镇西坡村下木坑自然村，建于清末。一进三开间砖木结构二层建筑。占地面积83平方米。大门居侧，西面上楼，木柱通顶，保存完好。

汪根发宅

位于歙县徽城镇金山村，建于清代。坐南朝北，通面阔7.8米，通进深12米，占地面积94平方米。砖木结构二层建筑。

汪根来、周荣芳宅

位于黟县碧阳镇石亭村，建于清代。坐北朝南，通面阔10.1米，通进深10.9米，占地面积110.1平方米。三开间上下厅中天井带二厢二层建筑。大门朝前。

汪根来宅

位于黟县碧阳镇石亭村，建于清代。坐北朝南，通面阔10.2米，通进深8.1米，占地面积82.6平方米。三开间带二厢有天井二层建筑。隔扇门窗、横风窗、砖雕门楼等砖、木、石构配件制作较好。

汪根林宅

位于祁门县箬坑乡下汪村。坐南朝北，走马楼式砖木结构二层建筑。面阔11.5米，进深15.8米，占地面积182平方米。内设天井，厅、房铺设木地板，花窗雕刻保存较好。

汪根庭宅

位于歙县上丰乡屯田村外屯自然村，建于清代。坐北朝南，二进三开间四合式二层建筑。通面阔9.5米，通进深13米，占地面积123.5平方米。上下堂有厢房，天井下明堂两侧有廊，雕花屏门装隔，砖、木、石雕精美。门前有大墙，院植花木。

汪耕荪、汪耘荪宅

位于黟县碧阳镇碧山村碧东组，建于清代。坐西朝东，通面阔10.45米，通进深10.8米，占地面积112.9平方米。三开间厅堂式带二厢有天井二层建筑。隔扇门窗、木雕构件及砖雕门楼制作较精致，保护较完好。前廊部有卷棚轩，厅内天花板有彩绘。

汪恭安等宅

位于歙县徽城镇金山村，建于清代。坐南朝北，一进三开间二层建筑。通面阔8米，通进深5.6米，占地面积45平方米。有砖雕门楼。

汪共和宅

位于歙县深渡镇向丰村四敢组，建于清代。坐南朝北，通面阔6.4米，通进深7米，占地面积44.8平方米。前厅后房二层建筑。厅后为楼梯。门楼挑檐，镶砖雕。

汪共生宅

位于祁门县历口镇彭龙村上坑组。坐北朝南，走马楼式砖木结构二层建筑。通面阔8.8米，通进深11.3米，占地面积99平方米。大门朝东开设，砖质门罩，中设天井，屋内无雕刻，青石、木地板铺设地面。

汪谷荪宅

位于黟县碧阳镇古黄村古筑组，建于清代。坐北朝南，通面阔9.7米，通进深7.1米，占地面积69.8平方米。三开间砖木结构二层建筑。

汪观成宅

位于歙县北岸镇瞻淇村，建于清代。坐西朝东，一进三开间。通面阔8.45米，通进深7.75米，占地面积65.5平方米。门楼有砖雕，砖雕较精美。

汪观德等宅

位于歙县坑口乡瀹潭村，建于清末。坐南朝北，五开间砖木结构二层建筑。通面阔 7.27 米，通进深 15.75 米，占地面积 140.5 平方米。靠壁天井，天井下明堂边隔扇，无木雕，门楼雕刻简朴。

汪观久等宅

位于歙县北岸镇瞻淇村，建于清代。坐南朝北，二进三开间。通面阔 8.2 米，通进深 10.4 米，占地面积 86 平方米。门楼有砖雕，内有木雕。左侧及屋后有附属房。

汪观奇宅

位于徽州区潜口镇潜口村白果巷，建于清代。坐北朝南，建筑面积118.6平方米。三开间显厅二层建筑。厅内大方砖正铺地，前檐口饰扁月梁，二重檐，有望砖，丁字拱。楼上三间，明间为厅，两次间为住房，坎上有隔扇门。

汪观清祖居

位于歙县坑口乡金滩村，建于清道光五年(1825)。坐北朝南偏西，占地面积约639平方米。由正屋、东偏屋、西偏屋和一排厨房组成，其正屋、东偏屋为整体建筑，西偏屋为后接建，屋前有院，院前为厨房。门罩制作精致，主体建筑保存完整。原为汪观清祖父汪焕章建造，汪观清于2016年进行全面大修后辟为『汪观清新安艺术馆』。2017年被列为黄山市重点文物保护单位。

汪观寿宅

位于歙县北岸镇瞻淇村青塘组，建于清代。坐西朝东，一进三开间二层建筑。通面阔9.6米，通进深8.55米，占地面积82.1平方米。门楼有砖雕，内部无雕刻。

汪观水宅

位于歙县王村镇王村480号，建于清代。二进三开间砖木结构二层建筑。通面阔9.9米，通进深13.95米，占地面积138.11平方米。门楼中间砖雕已毁，屋内有两根冬瓜梁，雀替四大两小。

汪观玉等宅

位于歙县徽城镇金山村，建于清代。坐北朝南，一进三开间砖木结构二层建筑。通面阔9.5米，通进深5.3米，占地面积50平方米。有砖雕、青石门楼。

汪观正宅

位于歙县深渡镇昌中村琶坑组，建于清代。坐南朝北，一进三开间二厢房。通面阔8米，通进深8.8米，占地面积70.4平方米。厅后楼梯，后进有天井。偏东开门，西边后开门。吊脚门楼挑檐镶砖雕。

汪观竹宅

位于徽州区潜口镇潜口村金山下自然村，建于清代。坐西朝东，建筑面积126.72平方米。上下对堂走马楼式二层建筑。下堂三间，中间为厅，两次间为房。上堂三间，明间为厅，两次间为房。坎上一圈装格子门，三间分割。

汪光宏二号宅

位于歙县溪头镇西坡村下木坑自然村，建于清代。坐北朝南，一进三开间砖木结构二层建筑。占地面积150平方米。大门居中，双侧石础，中有天井，底层高5米，楼上有木质圆柱，横梁及梁枪雕刻精致，保存完好。

汪光宏一号宅

位于歙县溪头镇西坡村下木坑自然村，建于清代。坐北朝南，一进三开间楼房。占地面积90平方米。大门居侧，设有天井，有门庭砖雕。双侧木柱通顶，房檐精致。

汪光煌宅

位于歙县富堨镇承狮村清流组，建于清代。坐北朝南，一进三开间二层建筑。通面阔7.7米，通进深9.2米，占地面积70.8平方米。边门朝东。有精美砖雕门楼。

汪光辉宅

位于徽州区潜口镇潜口村胜利组，建于清代。坐东北朝西南，建筑面积196.2平方米。一进三开间二厢二层建筑。有门楼式门罩，上堂明间为厅，两次间为住房，明间额上置月梁，有雕花雀替。楼上三间与楼下一样分割，有地面砖，屋面有小望砖。

汪光明宅

位于歙县深渡镇向丰村四新组，建于清代。坐南朝北，通面阔4.8米，通进深6.9米，占地面积33.12平方米。前厅后房，中间为楼梯。四壁镶木板。门顶素墙。

汪光谟宅

位于歙县雄村镇夏坑村，建于清代。屋名『光禄第』，清乾隆三十六年(1771)进士曹墅家宅。坐北朝南，三进三开间二层建筑。通面阔10米，通进深17米，占地面积170平方米。大门朝东，门前置石鼓对峙。门楼上楷书『光禄第』红底金字匾额，『文革』中被毁。木雕精致。

汪光权二号宅

位于歙县深渡镇向丰村四新组，建于清代。坐西朝东，二层建筑。通面阔7.4米，通进深4.9米，占地面积36.26平方米。厅后有楼梯，大门偏左前开，厅前有天井。

汪光权一号宅

位于歙县深渡镇向丰村四新组，建于清代。坐北朝南，三开间二厢房二层建筑。通面阔9米，通进深5.7米，占地面积51.3平方米。正厅后左侧上楼，有部分木雕梁枋，门楼有砖雕。

汪光荣等宅

位于歙县徽城镇鲍川村塘坞自然村，建于清代。坐北朝南，通面阔5.2米，通进深7米，占地面积约36.4平方米。砖木结构二层建筑。濒临倒塌。

汪光耀宅

位于休宁县海阳镇汪溪村村中央，建于清代。占地面积106.72平方米。门楼砖雕饰花草纹、回纹；前进为门厅，雀替雕刻花草，柱础为红砂石方形；后进斜撑、雀替雕刻花草、动物，地面铺白麻石及红砂石。

汪闺秀宅

位于徽州区呈坎镇呈坎村后街，又名『树滋堂』，建于明代。坐西朝东，建筑面积139.82平方米。大门镶砖雕门罩，门内双柱单间仿牌楼式内门罩。北廊置楼梯，楼层穿斗式梁架，蜀柱端琢成鹰嘴榫。南廊开边门通厨房，厨房三间不设架，陶质落水管，有芦苇墙装修。西间开后门与巷通，是明代厨房的孤例。2001年作为呈坎村古建筑群的组成部分被列为全国重点文物保护单位。

汪桂花宅

位于绩溪县瀛洲镇仁里村139号，建于清代晚期。坐东北朝西南，占地面积88平方米。一进三开间二层建筑。硬山式屋顶，抬梁穿斗并用式梁架，三合土地坪，外围封火墙。正厅东西两侧为厢房，前檐部设一天井，撑拱承挑出檐，室内木雕构件精美。

汪桂平宅

位于徽州区潜口镇唐模村四组，建于清代。坐北朝南，建筑面积88.13平方米。三开间二阁厢二层建筑。上堂明间为厅，两次间为住房，窗栏板为回纹卡子花，柱头回纹斜撑。楼上也为三间二阁厢，格子门窗扇，有天花、望板。

汪桂清宅

位于歙县深渡镇向丰村红旗组，建于清代。坐西朝东，一进三开间二过厢二层建筑。通面阔9.8米，通进深8.7米，占地面积85.26平方米。厅后为楼梯，正厅前对墙有上下双开气窗。大门从北侧开，门楼有砖雕与挑檐。

汪桂生宅

位于歙县富堨镇中溪村凤凰三组，建于清代。坐东北朝西南，二进三开间楼房。通面阔10.1米，通进深11.9米，占地面积120.2平方米。下堂有厢房，门楼有精致砖雕，内部斜撑、窗栏等构件有雕刻。

汪桂玉宅

位于歙县雄村镇浦口村丰村自然村，建于清代。坐东朝西，三进三开间一天井二层建筑。通面阔10米，通进深14.95米，占地面积149.5平方米。有冬瓜梁，有雕花雀替，有梁柁。门楼有砖雕。圆形石柱础，有望砖。

汪国宝宅

位于歙县许村镇前村武山下自然村三组082号，建于清代。坐西朝东，一进三开间。通面阔9.5米，通进深6.5米，占地面积61.75平方米。原有天井，现已改，大门两旁外墙重新粉刷，无雕刻。

汪国洪、汪国清宅

位于黟县碧阳镇星火村中光组，建于清末。坐北朝南，通面阔9.9米，通进深7.6米，占地面积75.2平方米。三开间带二厢有天井砖木结构二层建筑。木构架承重，木构架、装修等较完整，天花板彩绘保存，门楼完好。

汪国华宅

位于黟县碧阳镇石亭村，建于清末。坐北朝南，通面阔8.45米，通进深10.85米，占地面积91.7平方米。一进三开间中天井二层建筑。天井下明堂铺『黟县青』地坪石，木构架基本完好。

汪国平、汪健平宅

位于黟县西递镇叶村，建于清末。坐东朝西，通面阔23.85米，通进深10.97米，占地面积206.1平方米。四单元八开间二层建筑。其中左单元先建造，右单元原为药店。左一单元三开间带二厢有天井，左三单元三开间带二厢无天井。

汪国平一号宅

位于歙县深渡镇向丰村四新组，建于清代。坐南朝北，通面阔4.4米，通进深5.3米，占地面积23.32平方米。前厅后房二层建筑。屋后有楼梯间，二楼木板出面。

汪国平宅

位于黟县宏村镇汤蜀村岭下组，建于清代。坐北朝南，通面阔9.32米，通进深7.32米，占地面积67.6平方米。三开间带二厢有天井二层建筑。左厢侧耳门通偏屋，右厢侧耳门通外巷道。三合土斜方格地面，有砖制门楼。

汪国琪等宅

位于歙县富堨镇富堨村大里自然村，建于清代。坐东朝西，边门朝南，一进三开间二层建筑。通面阔10.3米，通进深13.7米，占地面积141.1平方米。下堂有厢房，天井下明堂两侧屏门雕花装隔。

汪国强宅

位于休宁县海阳镇玉宇社区万秀巷5号，建于清代。坐东朝西，一进五开间。占地面积267.88平方米。天井下明堂处铺红砂石板，木隔扇窗饰几何图案；两个二进各为四合式结构，柱础石鼓状，大梁方形。

汪国强宅

位于黟县碧阳镇关麓村，建于清代。坐西南朝东北，通面阔10.5米，通进深9.2米，占地面积96.6平方米。三开间砖木结构二层建筑。木构架承重，构配件、隔扇等制作雕刻精美，彩绘鲜明，门楼保存完好。

汪国清宅

位于祁门县古溪乡黄龙村黄三组，建于清末。坐西南朝东北，一厅带四厢砖木结构二层建筑。通面阔10.5米，通进深11米，占地面积116平方米。砖雕门罩，前设天井，青石、木地板铺地面。

汪国伟宅

位于黟县碧阳镇关麓村，属『八大家』老四，又称『双桂书屋』，建于清末。通面阔6.1米，通进深23.34米，占地面积122.3平方米。前后进无天井砖木结构二层建筑。前进三间，后进统间，有前院落门亭。木构架承重，三开砖空斗墙围护，小青瓦屋面，内构配件、隔扇等制作精致，门楼雕刻保存完好。

汪国正宅

位于祁门县古溪乡黄龙村黄二组，建于清代。坐西南朝东北，一厅带四厢砖木结构二层建筑。通面阔10.4米，通进深8.2米，占地面积85平方米。双面砖雕门楼保存完整，描金花窗、斜撑等雕刻完整精美，青石、木板铺地面。

汪国志宅

位于黟县碧阳镇关麓村，又名『春满庭』，属『八大家』老八，建于清乾隆年间。大型四合屋带回廊，最初屋主的八个儿子均居于此，后为老八后裔居住。前堂后厅二厢三开间二层建筑。内设屏风门套，砖木结构，木构架承重，木构配件制作精致，彩绘鲜明，门楼保存完整。2017年被列为黄山市重点文物保护单位。

汪海仂等宅

位于休宁县万安镇轮车村上轮车组，建于清代。坐南朝北，一进三开间，边开门。占地面积77.22平方米。柱础为红砂岩方形，窗隔扇为小方格图案，饰有变形『寿』字，边饰草龙图案，雀替雕饰草龙和花卉图案，地面由水磨石金砖铺就。

汪海龙宅

位于黟县碧阳镇关麓村，建于清末。坐南朝北，通面阔10.1米，通进深13.9米，占地面积140.4平方米。三开间上下厅中天井砖木结构二层建筑。右侧门为入口，照壁后上楼。木构架承重，三开砖空斗墙围护，小青瓦屋面。房屋整体保存完整，内构配件制作精致。

汪汉义等宅

位于歙县北岸镇白杨村新桥自然村，建于清代。坐西朝东，由内外两幢二进三开间建筑相连组成。通面阔9.85米，通进深19.1米，占地面积188.14平方米。内外皆有门楼，有部分砖雕，内无木雕。

汪浩明宅

位于徽州区岩寺镇上朱村朱家坦自然村四清组，建于清代。坐北朝南，建筑面积105平方米。一进五开间二层建筑。正屋五间，明、次间为客厅，两梢间为房。楼上明间厅，前为廊，四间房，向天井下明堂开窗，屋面望砖铺砌。

汪和平宅

位于徽州区呈坎镇呈坎村西北，建于清代。坐西南朝东北，建筑面积144.18平方米。三开间带二厢。朝东巷开正门，上有砖砌门罩，门扇外安装轻便的活动隔扇门4扇。门内一披水门廊，靠北有边门通北侧私塾，私塾亦为三开间。底层为厅，两建筑楼上相互贯通，私塾靠东为三间厨房。2001年作为呈坎村古建筑群的组成部分被列为全国重点文物保护单位。

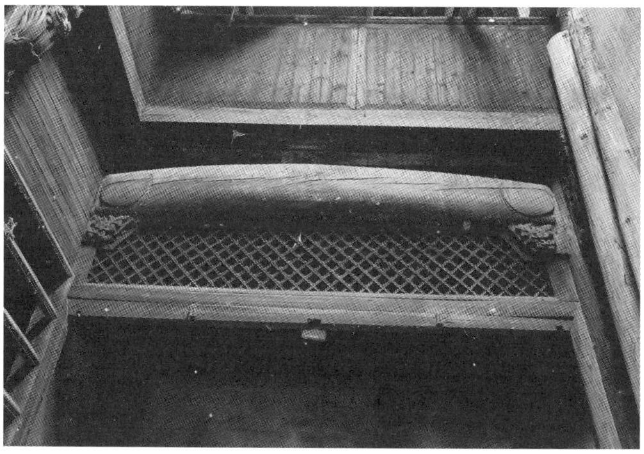

汪和生宅

位于休宁县齐云山镇东亭村南坑组，建于清代。坐东北朝西南，一进三开间。占地面积61.76平方米。门罩砖雕花卉、宝瓶及『卍』字，雀替雕花卉，斜撑雕如意，挂落饰斜方格，木隔扇窗饰方格。

汪荷叶宅

位于歙县徽城镇南屏村忠堡自然村，建于清代。坐北朝南，通面阔9.8米，通进深8.5米，占地面积约83平方米。二层建筑。

汪荷英宅

位于歙县徽城镇渔梁街92-14号，建于清末。坐西朝东，砖木结构二层建筑。通面阔3米，通进深14.3米，占地面积43平方米。屋内有天窗。

汪红孩、汪志明宅

位于歙县北岸镇显村，建于清代。坐北朝南，一进三开间。通面阔4.7米，通进深8.4米，占地面积39.48平方米。有门楼，无砖雕。内有部分木雕。

汪红钧宅

位于黟县宏村镇宏村，建于清宣统年间。坐北朝南，通面阔11.4米，通进深10米，占地面积194平方米，建筑面积379平方米。门楼保存完整。

汪红运宅

位于歙县坑口乡瀹坑村汪村自然村，建于清末。坐东南朝西北，上下对堂四合式砖木结构二层建筑。通面阔9.5米，通进深16.8米，占地面积159.6平方米。有砖雕门楼，装有梁，无木雕，无隔扇。

汪宏坦宅

位于歙县徽城镇斗山街11-8号，建于清代。坐北朝南，三进三开间。通面阔8.8米，通进深25.38米，占地面积223平方米。上堂门窗木雕为9只小松鼠吃葡萄图案，厢房为6扇格子门，木雕为不同季节花草图案，天井下明堂排水孔为铜钱图案。

汪洪飞宅

位于祁门县历口镇彭龙村东来组。坐北朝南，一进三开间砖木结构二层建筑。通面阔7.6米，通进深8.2米，占地面积62平方米。砖雕门罩，大门朝东开，前设天井，屋内无雕刻。

汪洪珍宅

位于黟县宏村镇宏村，建于清光绪年间。坐北朝南，三开间二层建筑。通面阔10.6米，通进深11.8米，占地面积210平方米，建筑面积308平方米。内部雕刻装饰精美。

汪华宏宅

位于歙县郑村镇堨田村，建于清代。坐南朝北，东屋三进三开间，西屋一进三开间。东屋通面阔11.16米，通进深22.09米；西屋通面阔9.3米，通进深6.2米。东屋有围墙，青石门罩有砖雕，厅堂厢房有格子门，梁撑有雕刻，天井下明堂青石铺就。

汪煌宅

位于休宁县溪口镇溪口村中街，建于清代。坐东南朝西北，二进三开间二层建筑。占地面积132.16平方米。门罩砖雕土龙、如意、花草、『寿』字图案。一进立柱及柱础均方形，雀替雕凤凰、花草；斜撑雕倒挂狮、人物图案；二楼木隔扇窗饰方格，厢房饰彩绘图案。雀替、斜撑雕花草，裙板饰龙凤呈祥及花草、『寿』字图案。

汪辉恒宅

位于黟县碧阳镇关麓村，建于清代。坐东朝西，通面阔10.55米，通进深11.75米，占地面积127.9平方米。三开间后厅前堂砖木结构二层建筑。木构架承重，木构配件、隔扇等制作精美，保存完整。

汪汇生宅

位于歙县北岸镇瞻淇村527号，建于清代。坐西北朝东南，一进三开间。通面阔7.25米，通进深9.1米，占地面积66平方米。门楼有砖雕，有诸多木雕，门窗木雕和斜撑狮子等皆精美。

汪会水宅

位于徽州区潜口镇潜口村友谊组，建于清代。建筑面积295.84平方米。三开间上下对堂二层建筑。下堂三间，为一厅两次间。上堂三间，明间为厅，两次间为房。楼上为走马楼，全散板装修，坎上正中双开格子门。

汪惠昌宅

位于祁门县箬坑乡下汪村，建于清代。坐北朝南。面阔9.7米，进深13米，占地面积126平方米。砖木二层结构，中设天井，砖铺地面，花窗、木雕隔扇简朴，保存尚好。

汪惠华宅

位于歙县郑村镇稠墅村东风组，建于清代。坐南朝北，二进三开间二层建筑。通面阔9.4米，通进深10.8米，占地面积101.5平方米。后有小院，后进有厢房，门罩有砖雕，二楼有4个厢房，屋内前进砖铺地，后进石头铺地。

汪惠民宅

位于徽州区潜口镇澄塘村古塘自然村，建于清代。建筑面积105.12平方米。三开间上下两对堂二层建筑。下堂三间，明间为厅，两次间为房。上堂三间，明间为厅，两边为房。楼上走马楼，屋面有望砖，柱头回纹斜撑。

汪惠英宅

位于黟县碧阳镇关麓村，又名『淡月山房』，属『八大家』老二，建于清咸丰年间。坐南朝北，开间27.85米，进深9.65米，占地面积266.4平方米。三幢三开间二层建筑。前设院落，三幢相连又自成一体。淡月山房为小姐居住，内设美人靠，凭栏可远眺村中景色，各单元自设楼梯上楼。砖木结构，木构架承重，木构件雕刻精美别致，栩栩如生，天花彩绘鲜艳亮丽，门楼保存完整。

汪吉安宅

位于黟县宏村镇宏村，建于清初。坐北朝南，二进五开间二层建筑。占地面积385平方米。分门楼正厅、后厅、东便厅等部分，中为明天井，东西两首为墙院。

汪吉道宅

位于黟县宏村镇宏村，建于清光绪年间。坐北朝南，主体通面阔8.6米，通进深7.2米，占地面积62平方米。三开间二层建筑。

汪吉瑞、汪正喜宅

位于歙县许村镇前村一组，建于明代。坐北朝南，一进三开间楼房。通面阔7.8米，通进深8.7米，占地面积67.86平方米。

汪吉雄宅

位于歙县徽城镇大梅口村，建于清代。坐北朝南，一进三开间楼房。通面阔8.2米，通进深8.6米，占地面积71平方米。青石门楼有砖雕，格子门窗，圆柱方墩。

汪计水宅

位于祁门县箬坑乡下汪村，建于清代。坐西朝东，砖木结构二层建筑。通面阔10米，通进深7.5米，占地面积75平方米。前设天井，门楼砖雕精美。整体小巧玲珑。

汪纪军宅

位于歙县徽城镇大梅口村，建于清代。坐南朝北，一进三开间带天井二层建筑。通面阔9.2米，通进深8.1米，占地面积76平方米。雕花门窗。

汪继平等宅

位于休宁县海阳镇齐宁社区横巷6-11号，建于清代。坐北朝南，四合式二层建筑。占地面积79.8平方米。地面铺方形青砖，柱础圆鼓状，无雀替、斜撑，木隔扇窗雕刻花草，地袱石装饰瑞兽、花草，二楼栏板外雕饰几何图案。

汪继荣宅

位于歙县徽城镇南源口村王村茂自然村，建于清代。坐西朝东，砖木结构二层建筑。通面阔8.35米，通进深4米，占地面积约33.4平方米。

汪继生宅

位于歙县坑口乡瀹源村汪村自然村，建于清代。坐西北朝东南，二进三开间四合式上下对堂砖木结构二层建筑。通面阔10.15米，通进深12.25米，占地面积124.34平方米。

汪家宝宅

位于歙县深渡镇约源村汪山组，建于清末。坐南朝北，一进三开间二过厢。通面阔9.35米，通进深8.65米，占地面积80.88平方米。正厅两侧厢房。门楼上部青砖砌飞檐，下部镶有镂空砖雕，雕有人物、亭台楼阁、花草树木等图案。

汪家大厅

位于休宁县万安镇古城岩明清建筑群内，建于清代。坐东南朝西北，二进三开间。占地面积127.5平方米。由门庭、前天井、正厅、后廊、后天井组成。门罩砖雕饰草龙、宝瓶和花卉，柱础圆鼓状，斜撑雕刻倒悬狮，平盘斗雕刻牛马图案。2004年作为休宁县万安镇古城岩明清建筑群的一部分被列为安徽省重点文物保护单位。

汪家大厅

位于徽州区岩寺镇上朱村朱家坦自然村，建于清代。坐北朝南，建筑面积260平方米。二进三开间二层建筑。进门为向内一披水门屋，明间为厅，两次间为房。楼上三间，脊前脊后各装厅、装房，后进三间二层楼房与前进合围。

汪嘉权宅

位于黟县碧阳镇南街24号，建于清代。二进三开间前后天井二层建筑。占地面积176.12平方米，建筑面积296.87平方米。前天井东廊入户石门上施垂柱式砖雕门罩，后天井连通成跑马楼。前、后进均为一明两暗布局，后进照壁后设木楼梯，梯顶二层设有神龛。前进木构架为穿斗式五檩四步架，后进木构架为穿斗式七檩六步架，檐口挑头梁承撩檐枋支挑，设飞椽。整体砖、木雕刻装修精美。2014年被列为黟县重点文物保护单位。

汪建凤宅

位于歙县北岸镇呈村降村留村自然村，建于清代。坐西朝东，一进三开间。通面阔8.4米，通进深5.1米，占地面积42.84平方米。无门楼，无砖雕、木雕。

汪建高等宅

位于歙县徽城镇南屏村王家淇自然村，建于清代。坐北朝南，二进三开间一天井。通面阔8.8米，通进深11.6米，占地面约102.5平方米。后进倒塌。门楼砖雕被破坏。

汪建民、汪跃文宅

位于黟县碧阳镇碧山村碧西组，建于清代。坐北朝南，通面阔10.45米，通进深17.05米，占地面积178.2平方米。二进三开间厅堂式带二厢二天井二层建筑。隔扇门窗、横风窗、木构配件和门楼保存较好，制作工艺较高。

汪建平宅

位于黟县碧阳镇碧山村碧西组，建于清代。坐西北朝东南，通面阔10.15米，通进深9米，占地面积91.4平方米。三开间带二厢有天井二层建筑。隔扇门窗、横风窗、木构配件等雕刻精美，保存较好。砖雕门楼保存较完整。

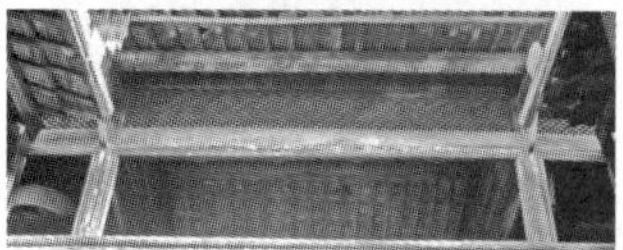

汪建平宅

位于黟县宏村镇宏村，建于清光绪年间。坐北朝南，占地面积645平方米。建筑内门楼、挂落、雀替保存完整，左两间，右一间，中间有厅堂，前后有天井，中厅有天花彩绘。

汪建平宅

位于黟县碧阳镇碧山村碧东组，建于清代。坐西朝东，通面阔8.2米，通进深11.25米，占地面积92.3平方米。三开间带二厢上下厅中天井砖木结构二层建筑。

汪建伟宅

位于黟县宏村镇宏村，建于清代。坐北朝南，四合式二层建筑。主体通面阔8.6米，通进深11.2米，占地面积171平方米，建筑面积247平方米。

汪建文宅

位于休宁县海阳镇钗坑村村中央，建于清代。坐北朝南，三进三开间。大门开在中央。通面阔9.4米，通进深17米，占地面积159.8平方米。一进门屋，二进厅堂，三进寝楼。门罩砖雕为人物、花草图案，月梁下雀替雕花鸟图案，二进楼上有厢房。所有柱础均为红砂岩方形。大门入口处有中门屏风。

汪建武宅

位于黟县碧阳镇关麓村，建于清代。坐南朝北，通面阔8.2米，通进深7.55米，占地面积63.4平方米。三开间带二厢有天井砖木结构二层建筑。木构架承重。

汪建新、程耕器宅

位于黟县碧阳镇横沟弦街，建于清代初期。一进三开间带天井砖木结构二层建筑。占地面积78.9平方米，建筑面积134.9平方米。楼层为四架五檩穿斗式构架，设飞椽。入口为天井，青石板铺地，大门顶施有『寿』字石雕漏窗，地栿上有『钱』字通气孔，整体保存较好。2014年被列为黟县重点文物保护单位。

汪建新宅

位于徽州区潜口镇潜口村友谊组豆腐巷，建于清代。坐西朝东，建筑面积100.12平方米。三开间二阁厢二层建筑。大堂三间，明间为厅，两次间为房。楼上全木装修，坎上正中双开隔扇门，明间为厅，次间为房，无地砖，有望砖。

汪建宣宅

位于黟县碧阳镇钟山村余光组，建于清代。坐西朝东，开间8.4米，进深4.5米，占地面积38.2平方米。三开间带二厢有天井二层建筑。

汪建英宅

位于歙县昌溪乡昌溪村周邦头自然村070号，建于明末清初。坐西南朝东北，一进三开间。通面阔7.7米，通进深5.8米，占地面积44.66平方米。开边门为正门，前有小院，有门楼。室内厅堂两侧厢房窗栏有花瓶雕饰，正厅无木雕。

汪剑仲宅

位于歙县坑口乡瀹坑村汪村自然村，建于清末。坐东南朝西北，四合式上下对堂砖木结构二层建筑。通面阔13.1米，通进深11.25米，占地面积147.38平方米。上下堂沿及照壁两侧装梁而未安雀替，左右厢无隔扇。砖雕精美。

汪健华宅

位于休宁县板桥乡板桥村杨林湾组村中央，建于清代。坐北朝南，四合式二层建筑。占地面积107.63平方米。门罩砖雕狮、人物、鲤鱼、『寿』字，立柱及柱础方形，雀替、斜撑遍雕人物、花卉、倒挂狮，二楼栏板外檐雕戏曲故事、四季花卉，大梁正中雕福、禄、寿人物。

汪健宅

位于黟县宏村镇宏村，建于明末清初。坐北朝南，三开间二层建筑。主体通面阔11.4米，通进深15米，占地面积194平方米。木雕、门罩等保存完好。

汪娇娣宅

位于歙县徽城镇鲍川村车川自然村，建于清代。坐北朝南，二进三开间砖木结构二层建筑。通面阔11.05米，通进深14.75米，占地面积约163平方米。照壁两边有冬瓜梁，天井下明堂开阔，门楼有砖雕，地基高。

汪接兰宅

位于祁门县历口镇彭龙村上坑组，建于清代。坐北朝南，一进三开间二房带二厢砖木结构二层建筑。通面阔8.5米，通进深7米，占地面积60平方米。砖雕门楼，前设天井，屋内有木雕，青石、木板铺设地面。

汪接民宅

位于祁门县箬坑乡下汪村，建于清代，又名『敬德堂』。坐北朝南，砖木结构二层建筑。通面阔11米，通进深8.6米，占地面积95平方米。

汪洁清宅

位于祁门县古溪乡黄龙村黄三组，建于清代。坐西南朝东北，回形走马楼式砖木结构二层建筑。通面阔10米，通进深13米，占地面积130平方米。前厅入门处设有照壁，中设天井，青石、木板铺地面，隔扇一组保存较完整。

汪金翠宅

位于歙县深渡镇约源村汪山组，建于清末。坐南朝北，一进三开间带二厢。通面阔8.1米，通进深7米，占地面积56.7平方米。厢房窗门略有木雕。门楼镶有福禄寿喜、八仙人物和亭台楼阁等镂空砖雕。

汪金利一号宅

位于歙县深渡镇向丰村红旗组，建于清代。坐南朝北，一进三开间带二厢带天井二层建筑。通面阔9.1米，通进深10.7米，占地面积95.55平方米。上下对堂，左侧楼梯。大门周边青砖出面，门楼青砖挑檐，素面。

汪金山宅

位于歙县深渡镇绵潭村燎原组，建于清代。坐北朝南，一进三开间带二厢二层建筑。通面阔8.3米，通进深8米，占地面积66.4平方米。厅后为楼梯，门楼挑檐，镶砖雕及青砖。

汪金水等宅

位于歙县三阳镇叶村，建于清末。一进三开间砖木结构二层建筑。通面阔5.8米，通进深9米，占地面积52.2平方米。

汪金仙宅

位于歙县北岸镇瞻淇村，建于清代。坐西朝东，一进三开间。通面阔11.45米，通进深7米，占地面积80平方米。前有小院，整栋房子未粉刷，无雕刻。简易门楼，有漏窗。

汪金鑫宅

位于黟县西递镇叶村，建于清末。坐东朝西，通面阔9.46米，通进深10.88米，占地面积102.9平方米。三开间带二厢中天井上下厅二层建筑。照壁后上楼，右厢侧耳门为入口大门。木铺楼板，三合土地坪，青条石铺就阶沿及天井下明堂。

汪荆山宅

位于祁门县芦溪乡芦溪村41号，建于清代。坐东北朝西南，前后厅砖木结构二层建筑。通面阔10米，通进深17.2米，占地面积约255平方米。后厅设天井，前后厅中部设楼梯。屋内青石板铺设地面，彩绘木雕斜撑雀替。

汪景华等宅

位于歙县徽城镇大梅口村，建于清代。坐东朝西，三进三开间二天井楼房。通面阔11.25米，通进深10.8米，占地面积230平方米。有木雕。

汪景华宅

位于歙县雄村镇柘林村十组，建于清代。坐东朝西，一进三开间。通面阔8.4米，通进深5米，占地面积42平方米。有冬瓜梁、斜撑、格子窗和雕花雀替。

汪敬虎等宅

位于歙县徽城镇南源口村，建于清代。坐北朝南，一进三开间砖木结构二层建筑。通面阔8.3米，通进深6.8米，占地面积56.44平方米。门楼有砖雕。

汪敬群宅

位于屯溪区新潭镇长林村过塘坞自然村里组，建于清末。占地面积60.2平方米。原前后三进，后进居室。从东庑边门进入，天井下明堂狭窄，两边厢为房，红紫石铺砌。中间为厅，两边厢为房，朝厅开房门，临天井下明堂向窗下为清水砖。

汪敬堂宅

位于休宁县源芳乡芳田村口近公路处，建于清代。坐北朝南，一进三开间。占地面积56.32平方米。白麻石大门。门罩绘有纹饰，木隔扇窗雕饰较简单。整体结构比较简单。

汪静娟宅

位于歙县北岸镇白杨村上村自然村，建于明末清初。坐南朝北，二进三开间。通面阔9.35米，通进深10.55米，占地面积98.64平方米。内有部分木雕，门楼无砖雕。

汪静远、汪敬仪宅

位于歙县坑口乡金龙潭村汪龙坑自然村，建于清末。坐南朝北，四合式砖木结构二层建筑。通面阔13.2米，通进深19.2米，占地面积约253平方米。上下双堂，门前有上马石、石鼓。砖、木、石雕刻精美。主宅隔扇外装有挂落，柱撑雕刻八仙人物。挂落外（中堂阶沿下）隔扇刻有暗八仙、十二月名花、送子图等。

汪九斤宅

位于休宁县齐云山镇西馆村，建于清代。坐东北朝西南，一进三开间。占地面积159平方米。雀替雕龙、如意及花卉，平盘斗饰如意，挂落饰方格。

汪九如宅

位于黟县碧阳镇横岗村，建于清代。坐北朝南，通面阔9.75米，通进深7.55米，占地面积73.6平方米。一进三开间一天井二层建筑。木构架基本完好，飞罩、斜撑等木雕刻构配件精美，保存相对完好，天花板有彩绘。

汪菊英等宅

位于休宁县蓝田镇前川村溪秀组，建于清代。坐东北朝西南，一进三开间。占地面积93.19平方米。门罩砖雕饰花卉、松树、楼阁等，地面铺青石板，立柱方形，青石柱础，刻『卍』字和花卉，雀替雕花卉，斜撑雕倒悬狮、人物，雀替及斜撑均髹饰金粉，木隔扇窗雕花卉、方格。

汪娟娟宅

位于歙县深渡镇向丰村，建于清末。坐南朝北，二层建筑。通面阔6.2米，通进深5.1米，占地面积31.62平方米。左厅右房，厅后有楼梯。小开窗。门楼素墙。

汪军盛宅

位于祁门县古溪乡黄龙村黄五组，建于清代。坐西南朝东北，一厅带四厢砖木结构二层建筑。通面阔9.5米，通进深8.8米，占地面积84平方米。前设天井，青石、木地板铺地面，花窗两对仍存。

汪康新宅

位于歙县徽城镇渔梁街32号，建于清代。坐南朝北，通面阔3.95米，通进深11.15米，占地面积45.4平方米。木质土墙结构二层建筑。玻璃格子门窗。圆柱方墩支撑。前为大厅，后为厨房，背为小院。

汪克勤宅

位于歙县徽城镇大梅口村，建于清代。坐北朝南，一进三开间二层建筑。通面阔9.9米，通进深7.75米，占地面积78平方米。暗天井，有小冬瓜梁、格子窗。有简易门楼。

汪来富宅

位于休宁县渭桥乡渠口村，建于清代。坐北朝南，二进三开间。占地面积104.49平方米。一进地面铺红条石，柱础方形，一进雀替、斜撑雕刻草龙、狮子，木隔扇窗饰方格，二进雀替雕花草。

汪来根宅

位于歙县北岸镇瞻淇村182号，建于清代。坐北朝南，一进三开间楼房。通面阔7.8米，通进深5.7米，占地面积44.5平方米。南墙面上下两层全部以木板制成。

汪兰花宅

位于歙县昌溪乡昌溪村红旗自然村，建于清代。坐西朝东，一进三开间砖木结构二层建筑。通面阔10.05米，通进深8米，占地面积80.4平方米。大门开在东北侧，有砖雕门罩。东面是天井，临天井下明堂有斜撑挑出画格窗栏，窗棂木雕精美。

汪累峰等宅

位于黄山区谭家桥镇东黄山村留四组，建于清代。二进三开间一天井。占地面积158.7平方米，高约5米。木架结构穿斗式，三合土地坪，天井下明堂地沟式，板壁墙，封檐望板，天棚望砖，两厢阁楼。

汪力量、江文迪宅

位于黟县碧阳镇丰梧村，建于清代。坐西朝东，通面阔10米，通进深9.25米，占地面积82.5平方米。三开间砖木结构二层建筑。

汪立东宅

位于歙县深渡镇向丰村四敢组，建于清代。坐北朝南，通面阔4.4米，通进深8.1米，占地面积35.64平方米。前厅后房二层建筑。厅后有楼梯。二楼镶木板出面。大门正面素墙，周边墙体风化开裂严重。

汪立军宅

位于休宁县齐云山镇北山村七桥组014号，建于清代。坐西北朝东南，呈四合式布局。占地面积105.6平方米。门罩彩绘花卉，柱础方形，外墙立两石，上刻如意图案，内部未见雕刻。

汪立仁、汪来根宅

位于黟县宏村镇汤蜀村蜀里组，建于清末。坐北朝南，通面阔 9.65 米，通进深 7.3 米，占地面积 70.4 平方米。三开间带二厢有天井二层建筑。照壁后上楼，左厢侧耳门通外路，右厢侧耳门通厨房。三合土斜方格地面。

汪立忠、吴亚利宅

位于歙县北岸镇显村，建于清代。坐北朝南，二进三开间。通面阔 5.2 米，通进深 7.95 米，占地面积 41.34 平方米。门楼有砖雕，较精美。内有少量木雕。

汪丽华宅

位于歙县徽城镇渔梁街28号，建于清代。坐北朝南，带天井砖木结构二层建筑。通面阔4.54米，通进深19.4米，占地面积88.08平方米。较为开阔，立柱方墩，天井下有改建。

汪丽明宅

位于歙县北岸镇大阜村，建于清代。坐北朝南，一进三开间。通面阔8.6米，通进深7.6米，占地面积65.36平方米。门楼有部分砖雕，较精美，内有部分木雕。

汪丽萍宅

位于歙县三阳镇三阳村，建于清代。通面阔3.4米，通进深6.15米，占地面积20.19平方米。前正堂后房二层建筑。

汪丽英等宅

位于歙县北岸镇显村，建于清代。坐北朝南，二进三开间。通面阔9.3米，通进深8.8米，占地面积81.81平方米。门楼有砖雕，内有诸多木雕，较精美。

汪利华宅

位于歙县深渡镇向丰村四新组，建于清代。坐北朝南，通面阔5.2米，通进深5.4米，占地面积28.08平方米。二层建筑。厅后有楼梯。楼梯边设后门。门楼镶青砖，其余素墙。

汪利煌宅

位于歙县深渡镇向丰村，建于清代后期。坐北朝南，二进三开间（中厅边房）。通面阔7.3米，通进深10.7米，占地面积78.11平方米。上下对堂，右边设楼梯。方格架镶门楼砖雕，设左边门。

汪利金宅

位于黟县碧阳镇星火村中光组，建于清代。坐西朝东，通面阔9.7米，通进深8.15米，占地面积79.1平方米。三开间带天井砖木结构二层建筑。木构架承重，木构架、装修等较完整，门楼完好。

汪利玲宅

位于黟县碧阳镇关麓村，建于清代。坐西南朝东北，通面阔16.46米，通进深7.2米，占地面积99.2平方米。主楼为三开间二厢二层建筑。偏厅为二开间二层建筑。砖木结构，木构架承重，木构配件、隔扇等制作较好，彩绘完好。

汪利民宅

位于徽州区潜口镇唐模村六组，建于清代。坐北朝南，建筑面积379.41平方米。二进三开间砖木结构二层建筑。天井下明堂两房较宽敞，上堂为一统显厅。后进亦为三间两阁厢，天井下明堂青石铺砌，有4个雕刻华丽的斜撑。

汪利模宅

位于祁门县古溪乡黄龙村黄五组，建于清代。坐西南朝东北，一厅带四厢砖木结构二层建筑。通面阔10.3米，通进深9.1米，占地面积94平方米。石雕门罩，前设天井，青石板铺地面。

汪利生、叶春明宅

位于黟县碧阳镇北街社区，建于清代。坐北朝南，通面阔9.3米，通进深13.15米，占地面积122.3平方米。二进三开间带二厢前后厅有天井砖木结构二层建筑。木构架承重，木构架、装修等较完整，构配件、隔扇等木雕较好，门楼完好，彩绘天棚。2014年被列为黟县重点文物保护单位。

汪连凤宅

位于黟县碧阳镇古黄村古筑组，建于清末。坐北朝南，通面阔9.7米，通进深10.1米，占地面积97.8平方米。三开间砖木结构二层建筑。彩绘天棚，有楼行栏杆，木构架及木装修较好。

汪连枝宅

位于黟县西递镇霭峰村上村组，建于清末。坐北朝南，通面阔12.32米，通进深6.67米，占地面积84.3平方米。三开间带二厢二层建筑。大门开在左边间，右厢耳门通巷道，过巷道进厨房。

汪良根宅

位于歙县深渡镇向丰村四新组，建于清代。坐北朝南，二进三开间带二厢房二层建筑。通面阔13.3米，通进深9.7米，占地面积129.01平方米。上下对堂，中间有天井。天井下明堂后右侧有楼梯。门楼挑檐，镶砖雕。

汪良来宅

位于黟县碧阳镇南屏村，建于清代。坐东朝西，通面阔10.1米，通进深7.1米，占地面积71.7平方米。三开间带二厢有天井二层建筑。

汪良元等宅

位于黟县碧阳镇柏山村下历组，建于清末。坐北朝南，通面阔15.6米，通进深23.25米，占地面积362.7平方米。二进五开间砖木结构二层建筑。彩绘天棚。

汪林木、汪春生宅

位于歙县北岸镇显村，建于清代。坐北朝南，二进三开间。通面阔9.6米，通进深12.85米，占地面积123.36平方米。门楼有少量砖雕，内有部分木雕。

汪林胜、汪金木宅

位于歙县北岸镇显村，建于清代。坐北朝南，二进三开间。通面阔9.6米，通进深10.95米，占地面积105.12平方米。门楼有砖雕，内有诸多木雕。

汪留香宅

位于歙县郑村镇郑村六组，建于清代。坐北朝南，三进五开间。通面阔14.9米，通进深23.85米，占地面积355.4平方米。前进已倒塌，中进大部分倒塌，后进保存一般。后进厢房格子门、梁柁略有雕刻。

汪六进宅

位于歙县坑口乡坑口村芳坑自然村，建于清代。坐西北朝东南，砖木结构二层建筑，前排沿单间楼房。通面阔3.05米，通进深6.9米，占地面积21.05平方米。

汪六子宅

位于歙县徽城镇解放街向阳路14号，建于清代。坐西朝东，三进三开间二层建筑。通面阔8.1米，通进深16.1米，占地面积130.2平方米。木质红漆，前厅后过廊。木刻木雕门窗。圆柱方墩，二进为大厅。后为厨房，左侧有楼梯上楼。

汪龙达、汪国良宅

位于黟县宏村镇汤蜀村岭下组，建于清代。坐北朝南偏东，通面阔8.54米，通进深6.84米，占地面积58.4平方米。三开间带二厢有天井二层建筑。右厢侧耳门通厨房，左厢侧耳门通偏屋，照壁后上楼，右边间前墙门通外为入口大门。三合土斜方格地面。

汪龙飞宅

位于黄山区谭家桥镇中墩村谭家桥组，建于晚清。占地面积137.86平方米。一进三开间。木架结构穿斗式，有阁楼，无斜撑，木板隔断。地面损坏，只有后倚屋有一小天井。

汪茂红宅

位于歙县深渡镇漳岭山村碧溪组，建于清代。坐北朝南，一进三开间带二厢二层建筑。通面阔8.95米，通进深6.4米，占地面积57.28平方米。厅后为楼梯，朝东开大门，门楼素墙。

汪茂立宅

位于黟县碧阳镇星火村中光组，建于清末。坐北朝南，通面阔9.1米，通进深7.85米，占地面积71.4平方米。三开间有天井砖木结构二层建筑。木构架承重。

汪茂林等宅

位于歙县徽城镇金山村，建于清代。坐西朝东，通面阔8.2米，通进深4.1米，占地面积33.6平方米。砖木结构二层建筑。

汪茂全宅

位于黟县宏村镇宏村，建于清代。坐北朝南，占地面积133平方米。正屋为五开间二层建筑。前设天井，西侧门楼原为圣旨门楼，正屋东侧为庭院。

汪茂中宅

位于黟县宏村镇宏村，建于清代前期。坐北朝南，主体通面阔13.6米，通进深14米，占地面积190平方米，建筑面积353平方米。整个建筑保留明代风格，留有封火墙。

汪梅花等宅

位于歙县徽城镇金山村，建于清代。坐南朝北，一进三开间砖木结构二层建筑。通面阔9.5米，通进深8.95米，占地面积85平方米。有简易门楼。

汪美英等宅

位于歙县徽城镇金山村，建于清代。坐南朝北，一进三开间砖木结构二层建筑。通面阔12.3米，通进深7米，占地面积68平方米。门楼有砖雕，麻石门框。

汪民利宅

位于歙县深渡镇向丰村四新组，建于清代。坐北朝南，通面阔4.1米，通进深7.6米，占地面积31.16平方米。二层建筑。前厅后厨，厅后楼梯。正门面为素墙。

汪民生宅

位于休宁县汪村镇回源村沅里组，建于清代。坐东朝西，一进三开间，开边门。占地面积94.94平方米。门罩砖雕饰花卉、草龙及回纹，立柱及柱础方形，大梁遍施雕刻，有戏曲故事、飞禽、瑞兽等，雀替雕人物，斜撑雕倒挂狮、人物，木隔扇门饰人物、蝙蝠、花卉，裙板雕戏曲故事。

汪敏亨宅

位于祁门县箬坑乡下汪村，建于清代。坐西朝东，砖木结构二层建筑。通面阔8.6米，通进深7.7米，占地面积66平方米。木雕隔扇尚存，内有天井，石库门上『太平天国前』等字依稀可见。

汪明昌宅

位于歙县徽城镇大梅口村，建于清代。坐东朝西，一进三开间砖木结构二层建筑。通面阔11.5米，通进深7.65米，占地面积88平方米。有小冬瓜梁。

汪明德宅

位于祁门县历口镇彭龙村后山组，又名『绍道堂』，建于清代。坐北朝南，一进三开间二房带二厢砖木结构二层建筑。通面阔9.4米，通进深7.4米，占地面积70平方米。前设天井，屋内无精雕细作，厢房已改建，青石、木地板铺设地面。

汪明根、汪灶根宅

位于歙县北岸镇瞻淇村，建于清代。坐北朝南，一进三开间。通面阔10.4米，通进深7.65米，占地面积79.6平方米。门楼有砖雕。

汪明根宅

位于歙县北岸镇瞻淇村，建于清代。坐南朝北，通面阔8.45米，通进深12米，占地面积101.4平方米。门楼有砖雕，内有木雕，较精美。

汪明康宅

位于歙县霞坑镇里方村二组，建于清代。坐西北朝东南，二进三开间三层建筑。通面阔8.4米，通进深14.9米，占地面积125平方米。门楼有精美砖雕，内部梁枋、雀替、斜撑等构件有雕刻。

汪明利宅

位于歙县深渡镇向丰村四新组，建于清代后期。坐南朝北，二进一天井二层建筑。通面阔6.15米，通进深15.8米，占地面积97.17平方米。天井下明堂左边楼梯。内部雕刻较少，门楼雕刻较好。

汪明星宅

位于歙县北岸镇瞻淇村248号，建于清代。坐北朝南，一进三开间。通面阔9.9米，通进深8.75米，占地面积86.63平方米。曾是私塾，内有部分木雕。

汪明余宅

位于歙县北岸镇瞻淇村后村组，建于清代。坐北朝南，一进三开间。通面阔8.35米，通进深6.1米，占地面积51平方米。楼有砖雕，较精致。

汪明哲宅

位于歙县霞坑镇山后村013号，建于清代。坐西北朝东南，一进三开间。通面阔8.1米，通进深9.5米，占地面积约77平方米。有简易门楼，西边有八边形窗，有少量砖木雕。

汪培清宅

位于祁门县历口镇彭龙村后山组，又名『忠恕堂』，建于清代。坐北朝南，一进三开间二房带二厢徽派砖木结构二层建筑。通面阔9.5米，通进深8.7米，占地面积83平方米。砖雕门罩，前设天井，屋内有木雕。

汪培生宅

位于歙县坑口乡金龙潭村汪龙坑自然村，建于清末。坐北朝南，一进三开间二层建筑。通面阔10.85米，通进深6.5米，占地面积71平方米。有简易门楼，无雕刻。内无天井，在门墙上方开窗采光，里面窗栏雕刻精美。

汪培松宅

位于黟县碧阳镇古黄村古筑组，建于清末。坐南朝北，通面阔9.4米，通进深11.64米，占地面积109.4平方米。三开间带二厢上下厅中天井砖木结构二层建筑。木构架及木装修较好。

汪鹏宅

位于绩溪县临溪镇荸显村46号，建于清代晚期。坐北朝南，占地面积190平方米。上下对堂，二楼通转，东西厢房，中间置一天井，三合土地坪，外围封火墙，室内的斜撑、雀替、隔扇雕刻精美，大门朝西，东侧为厨房和附属房。

汪平安宅

位于祁门县历口镇彭龙村东来组，建于清代。坐北朝南，三开间二房一厅砖木结构二层建筑。通面阔8米，通进深7米，占地面积56平方米。大门朝东开设，砖制门罩，前设天井，屋内无精雕细作。

汪平档宅

位于黟县西递镇西递村，建于清道光年间。坐南朝北，通面阔11.6米，通进深9.7米，占地面积113.5平方米。三开间二层建筑。

汪平高宅

位于婺源县珍珠山乡港头村，建于清乾隆年间。坐北朝南，砖木结构二层建筑。占地面积140平方米，余屋占地面积35平方米，小院占地面积45平方米，总占地面积220平方米。主屋面阔9.2米，进深15.2米。内设三披水檐天井，厅、房铺设木地板，花窗雕刻保存较好。2005年被列为婺源县重点文物保护单位。

汪齐钊宅

位于绩溪县瀛洲镇汪村58号左侧，建于清代晚期。坐北朝南，占地面积325平方米。上下对堂，二楼通转，中设一天井，二楼四周和东西厢房两侧过厢用隔扇装饰，三合土地坪，外砌封火墙，右侧为附属房。

汪启养宅

位于祁门县历口镇彭龙村东来组，又名『锦城堂』，建于清代。坐北朝南，一进三开间一厅二房砖木结构二层建筑。通面阔7米，通进深6.6米，占地面积46平方米。屋内无精雕细作。

汪起光宅

位于徽州区呈坎镇呈坎村二组溪东街，建于清代。坐西北朝东南，建筑面积151.17平方米。一进三开间砖木结构二层建筑。大门内侧有一披檐水门。正屋明间为客厅，两次间为住房，木皮门装修，金柱头雕刻夔龙图案斜撑。

汪千金等宅

位于歙县许村镇跳石村东风组，建于清代。坐北朝南，二进三开间楼房。通面阔10.55米，通进深14.25米，占地面积150.3平方米。东西两厢房，有天井格子门，砖雕基本被毁，部分木雕尚好。

汪巧娟宅

位于歙县徽城镇南源口村王村茂自然村，建于清代。坐北朝南，砖木结构二层建筑。通面阔4.68米，通进深7.7米，占地面积约36.04平方米。

汪青宅

位于黟县碧阳镇关麓村，建于清代。坐西南朝东北，通面阔9.6米，通进深9.15米，占地面积87.8平方米。三开间砖木结构二层建筑。木构架承重，木构配件、隔扇等制作较好，保存完整。

汪清来宅

位于徽州区岩寺镇上朱村朱家坦自然村，建于清代。坐北朝南，建筑面积116.6平方米。三开间上下对堂四合式二层建筑。进门为门厅，两次间为房。上堂明间为厅，次间为房。楼上走马楼，坎上装格子门，屋面、前檐装望板，后檐铺望砖。

汪清忠宅

位于黄山区谭家桥镇东黄山村西一组，建于清代。二进三开间半跑马楼式。占地面积146.26平方米，高约5.5米。木架结构穿斗式，三合土地坪，地沟式明堂，板壁墙，天棚望板，有偷柱。天井上檐有斜撑8个。

汪庆丰宅

位于黟县碧阳镇关麓村潘村组，建于清末。坐南朝北，通面阔9.6米，通进深8.05米，占地面积77.3平方米。三开间带二厢二层建筑。砖木结构，木构架承重，木构配件制作较好，部分门窗拆改，门楼制作精美。

汪庆海、汪镇来宅

位于黟县碧阳镇石亭村，建于清代。坐北朝南，通面阔10.5米，通进深18.7米，占地面积196.4平方米。二进三开间带二天井砖木结构二层建筑。照壁后上楼，天花板彩绘清晰可见。

汪庆培宅

位于黟县宏村镇宏村，建于清代。坐北朝南，占地面积151平方米。正屋布局为二楼三间式，前设天井，正厅前有前轩廊。

汪庆平宅

位于歙县深渡镇昌中村琶坑组，建于清代。坐南朝北，二进三开间二过厢二层建筑。通面阔9.2米，通进深12.3米，占地面积113.16平方米。上下对堂，中间有天井，明堂边有楼梯，内部木雕、梁柁、桃花格木窗较多。大门顶挑檐，镶大量砖雕，吊脚门楼。

汪庆平宅

位于黟县碧阳镇关麓村，建于清代。坐东北朝西南，通面阔9.3米，通进深8.55米，占地面积79.5平方米。三开间砖木结构二层建筑。木构架承重，砖、木、石构配件制作较好，雕刻精美。

汪庆平宅

位于黟县宏村镇宏村，建于清光绪年间。坐北朝南，三开间二层建筑。主体通面阔9.3米，通进深8.3米，占地面积90平方米，建筑面积130平方米。门楼、莲花门、窗木雕保存完整。

汪庆生宅

位于祁门县历口镇彭龙村上坑组。坐西朝东，一进三开间二房带二厢砖木结构二层建筑。通面阔10米，通进深9.6米，占地面积96平方米。砖雕门罩，前设天井，屋内木雕简单。

汪庆寿、汪庆三宅

位于黟县碧阳镇柏山村中历组，建于清末。坐西北朝东南，通面阔10米，通进深21.3米，占地面积213平方米。二进三开间二天井砖木结构二层建筑。前进为上下厅，中天井。彩绘天棚。

汪权宅

位于祁门县历口镇彭龙村后山组，又名『忠信堂』。坐北朝南，一进三开间二房带二厢砖木结构二层建筑。通面阔15米，通进深10.1米，占地面积152平方米。砖制门罩，前设天井，屋内月梁、斜撑、雀替、隔扇等雕刻精美，保存较好。

汪权忠等宅

位于歙县北岸镇显村，建于清代。坐北朝南，二进三开间。通面阔9米，通进深10.8米，占地面积97.2平方米。门楼有砖雕，内无木雕。

汪群应宅

位于祁门县箬坑乡八一村伦坑组。坐南朝北，砖木结构二层建筑。通面阔10.9米，通进深15米，占地面积164平方米。前后厅，后厅设有天井，一楼隔扇、花窗已失，二楼花窗尚存，木地板朽烂，檐口濒塌。

汪仁贵宅

位于歙县徽城镇金山村，建于清末。坐南朝北，一进三开间砖木结构二层建筑。通面阔9.3米，通进深6.9米，占地面积64平方米。有小冬瓜梁。有简易砖雕门楼。

汪任其宅

位于绩溪县长安镇坦头村。坐北朝南，占地面积185.5平方米。上下对堂，二楼通转，中设天井，东、西厢房，抬梁穿斗并用式梁架，三合土地坪，外围封火墙，室内狮撑、人物撑、雀替雕刻精美。整栋建筑保存完整。

汪日辉宅

位于徽州区呈坎镇呈坎村南皇冠前，建于清末。坐东朝西，建筑面积193.5平方米。大门居中，上有门罩，门前有围墙形成院落，北、南两个方向开边门。三开间中天井带厢房四合式建筑。天井沿有栏杆及斜撑雕刻，隔扇雕刻精致。厢房转厅内开门，向天井开玻璃窗。2001年作为呈坎村古建筑群的组成部分被列为全国重点文物保护单位。

汪日青宅

位于绩溪县伏岭镇上西村123号，建于清代后期。坐南朝北，一进三开间二层建筑。占地面积81.5平方米。未设天井，前有庭院，北山墙设有漏窗，二楼檐部装置裙板和矮窗，三合土地坪，外围封火墙，室内的撑拱、雀替、矮窗、窗门、窗栏板雕刻精美。

汪日祥宅

位于绩溪县伏岭镇竹坑村，建于清代晚期。坐东北朝西南，一进三开间二层建筑。占地面积140平方米。前檐墙开一漏窗，二层矮窗裙板装置，室内木雕构件略有雕刻。解放战争时期是绩溪县路东游击队的主要活动据点，是一处重要的革命文物。2000年被列为绩溪县重点文物保护单位。

汪荣光宅

位于黟县西递镇石印村朱坑口组，建于清末。坐北朝南，通面阔8.8米，通进深7.47米，占地面积65.7平方米。三开间带二厢二层建筑。右厢耳门通室外，左厢耳门通厨房。

汪荣烈宅

位于歙县坑口乡瀹坑村，建于清末。坐南朝北，二进三开间四合式上下对堂砖木结构二层建筑。有砖雕门楼。

汪荣林等宅

位于歙县徽城镇金山村，建于清代。坐南朝北，一进三开间带天井二层建筑。通面阔 10 米，通进深 8.4 米，占地面积 84 平方米。门楼被破坏。

汪荣善宅

位于祁门县历口镇彭龙村后山组。坐北朝南，一进三开间二房带二厢砖木结构二层建筑。通面阔9.6米，通进深8.8米，占地面积84平方米。有院，前设天井，屋内无精雕细作，青石、木板铺设地面。

汪荣生、余树凡宅

位于黟县碧阳镇柏山村下历组，建于清代。坐北朝南，通面阔10.4米，通进深24.5米，占地面积254.8平方米。二进三开间带二厢二天井砖木结构二层建筑。前进为上下厅，中天井。木构配件及隔扇制作较好。

汪荣水宅

位于歙县深渡镇向丰村四新组，建于清代。坐北朝南，通面阔5.05米，通进深8.9米，占地面积45.9平方米。前厅后房二层建筑。厅后有楼梯，后开门。大门顶素墙。

汪瑞芬宅

位于歙县深渡镇向丰村四敢组，建于清末。坐南朝北，通面阔8.5米，通进深4米，占地面积34平方米。左房右厅二层建筑。厅左边有楼梯。大门顶素墙。

汪瑞华宅

位于黟县宏村镇宏村，建于清光绪年间。坐北朝南，三开间二层建筑。占地面积363平方米。建筑内挂落、莲花门、花窗、门楼保存完整，空间布局严谨，建筑形式较优美。

汪瑞宜宅

位于黟县碧阳镇关麓村潘村组，建于清代。坐东朝西，通面阔9.55米，通进深7.25米，占地面积69.2平方米。三开间砖木结构二层建筑。木构架承重，房屋整体完整，木构配件及隔扇等制作较好。

汪瑞英宅

位于歙县深渡镇向丰村四敢组，建于清代。坐南朝北，通面阔5米，通进深5.6米，占地面积28平方米。二层建筑。一厅，厅后楼梯。大门顶上有砖雕。

汪润民等宅

位于休宁县渭桥乡渠口村原乡政府旁，建于清代。坐北朝南，四合式二层建筑。占地面积119.14平方米。门罩砖雕饰花卉、草龙、『寿』字、『卍』字，大门两侧立基座，上刻云龙纹及花卉，地面铺红砂石，雀替雕土龙，斜撑雕倒挂狮及花卉，木隔扇窗饰方格，裙板雕梅花。二楼有回廊，楼栏板外雕花卉。

汪润明宅

位于祁门县古溪乡黄龙村黄四组，又名『怀德堂』，建于清代。坐西南朝东北，一厅带四厢砖木结构二层建筑。通面阔11.2米，通进深9米，占地面积101平方米。前设天井，明堂两侧设有边厢。青石及木板铺地面。

汪三宏宅

位于歙县雄村镇夏坑村，建于清代。坐北朝南，一进三开间二层建筑。通面阔8.14米，通进深4.8米，占地面积39.1平方米。大部分墙体为木结构。无门楼，无木雕。

汪三友宅

位于徽州区岩寺镇上朱村朱家坦自然村四清组，建于清代。坐北朝南，建筑面积329平方米。三进三开间二层建筑。三进都是三间两厢，中为厅，两次间为房。楼上结构与楼下相同，外装一圈花格子栏杆，坎上一圈格子窗，屋面铺小望砖。

汪三元二号宅

位于黟县碧阳镇古黄村黄村组，建于清末。坐西朝东，通面阔10.2米，通进深8.1米，占地面积82.6平方米。一进三开间一天井砖木结构二层建筑。隔扇门窗和楼行栏杆保存完好，制作较精致，木构架保存完好。

汪三元一号宅

位于黟县碧阳镇古黄村黄村组，建于清代。坐东朝西，通面阔9.6米，通进深7.55米，占地面积72.5平方米。三开间带二厢有天井二层建筑。隔扇门窗、横风窗、楼行栏杆及砖雕门楼保存较好。

汪山水宅

位于歙县桂林镇双河村二组，建于清代。坐东北朝西南，一进三开间砖木结构二层建筑。通面阔5.65米，通进深5.75米，占地面积32.5平方米。

汪善松宅

位于祁门县箬坑乡下汪村，建于清代。坐西朝东，砖木结构三层建筑。通面阔9米，通进深7.1米，占地面积64平方米。前设天井，地面铺设木板，无雕刻。

汪善信宅

位于祁门县历口镇彭龙村后山组，建于清代。坐北朝南，一进三开间砖木结构二层建筑。通面阔8.6米，通进深7.9米，占地面积68平方米。大门朝东开设，前设天井，有木雕，青石、木板铺设地面。

汪少培宅

位于歙县深渡镇向丰村，建于清代中期。坐南朝北，二进三开间二过厢二层建筑。通面阔8.5米，通进深12米，占地面积102平方米。上下对堂。有部分木雕梁柁。左边上楼。

汪社明等宅

位于歙县徽城镇大梅口村，建于清代。坐北朝南，一进三开间砖木结构二层建筑。通面阔7.45米，通进深5.7米，占地面积42.5平方米。简易门楼已被破坏。

汪圣运宅

位于歙县郑村镇稠墅村东风组，建于明代。坐北朝南，一进三开间二层建筑。通面阔11.5米，通进深8.4米，占地面积96.6平方米。东西厢房，有格子窗门和冬瓜梁。二楼存挡雨木板，明堂石头铺地，东边有小门。

汪胜昌宅

位于祁门县历口镇彭龙村莫家组，又名『尚志堂』，建于清代。坐北朝南，一进三开间砖木结构二层建筑。通面阔9米，通进深8米，占地面积72平方米。砖雕门罩，前设天井，青石、木板铺设地面。

汪晟立宅

位于黟县碧阳镇星火村中光组，建于清代。坐北朝南，通面阔10.5米，通进深9米，占地面积90.5平方米。三开间有天井砖木结构二层建筑。木构架承重，构配件、隔扇门窗、门楼等雕刻较好，保存完整。

汪石同等宅

位于歙县徽城镇大梅口村，建于清代。坐北朝南，二进三开间有天井二层建筑。通面阔10米，通进深11.6米，占地面积约116平方米。上下对堂，有小格子门窗。有冬瓜梁，麻石门楼，花草图案砖雕。

汪时来宅

位于黟县碧阳镇南屏村，建于清代。坐西朝东，通面阔9.1米，通进深7.4米，占地面积67.3平方米。三开间带二厢有天井二层建筑。隔扇门窗做工精致。

汪时顺宅

位于黄山区龙门乡龙源村店门口组，建于清代。一进五开间，左厢有一角屋。占地面积135.37平方米，高5.5米。木架结构穿斗式，无天井，木板地面，板壁墙，天棚望砖。

汪氏老宅

位于歙县王村镇新安村烟村自然村，建于清代。坐北朝南，一进三开间二层建筑。通面阔10.08米，通进深12.58米，占地面积126.1平方米。内部构件有雕刻。

汪氏住宅

位于绩溪县瀛洲镇汪村172号，建于清光绪年间。坐北朝南，占地面积326平方米。由客厅、水厅、书斋、庭院等几部分组成。主体为一四合院式二层建筑。面阔三间，进深七间，硬山式屋顶，外砌封火墙，梁架和基础较好，抬梁穿斗并用式梁架，前后通转，中设一天井，挂落、隔扇等雕刻细腻精美，庭院南向影壁、门罩均有精美的雕刻。1998年被列为安徽省重点文物保护单位。

汪世杰宅

位于歙县徽城镇大梅口村，建于清代。坐南朝北，二进带天井砖木结构二层建筑。通面阔9.7米，通进深10米，占地面积97平方米。有简易门楼。

汪世森宅

位于歙县许村镇许村东升自然村二组，建于清代。坐北朝南，一进三开间二过厢楼房。通面阔8.75米，通进深5.8米，占地面积50.75平方米。

汪市良宅

位于歙县溪头镇洪村口村汪岔自然村，建于清代。坐南朝北，通面阔5.5米，通进深11.4米，占地面积62.7平方米。北侧开门，有封火墙，东向墙倒塌，破损严重。

汪守安宅

位于祁门县历口镇彭龙村坑上组，建于清代。坐北朝南，走马楼式砖木结构二层建筑。通面阔9米，通进深11.8米，占地面积106平方米。中设天井，屋内有木雕，青石、木板铺设地面。

汪寿昌宅

位于黟县碧阳镇碧山村碧西组，建于清代。坐西北朝东南，通面阔10.35米，通进深8米，占地面积82.8平方米。一进三开间一天井二层建筑。照壁后上楼，木构架保存尚好，天井明堂为『黟县青』铺砌。

汪受仪宅

位于歙县郑村镇堨田村十一组，建于清代。坐南朝北，一进三开间二层建筑。通面阔9.2米，通进深8.7米，占地面积80.4平方米。上下两层，门罩有砖雕，内有天井，有格子窗、雕花通气窗、梁撑斗拱。

汪树华等宅

位于休宁县海阳镇齐宁社区育才巷19号。坐东朝西，四合式建筑。柱础方形，斜撑雕刻土龙、花卉及如意。偏厅亦为四合式，和正厅以防火巷相隔，木隔扇窗饰竖方格。

汪树秀等宅

位于休宁县海阳镇玉宁社区万秀巷35号，建于清代。坐西朝东，二进二层建筑。占地面积132.2平方米。门罩砖雕花卉、土龙，一进为四合式布局，地铺青石板，柱础方形，裙板镂空雕冰裂纹及『禄』字，雀替雕土龙，平盘斗雕蝴蝶，斜撑雕花卉。二进亦为四合式布局，地面铺红砂石板，柱础方形，地袱石装饰花卉，雀替雕花卉，裙板饰土龙，二楼有封闭式栏板。

汪双飞宅

位于祁门县小路口镇石谷村石二组37号，建于清代。坐东朝西，一进三开间砖木结构二层建筑。通面阔9.4米，通进深6.6米，占地面积62平方米。设边门进出，砖雕门罩精美，前设天井，屋内无木雕，青石板铺设地面。

汪双武宅

位于黟县宏村镇宏村，建于清代。坐北朝南，占地面积92平方米。三开间二层建筑。两侧为偏厅，北侧为厨房，一楼装饰保存较为完整，整座房子保存一般，其中斜撑4个雕狮保存完整。

汪双源宅

位于歙县徽城镇金山村，建于清代。坐东南朝西北，二进三开间带天井。通面阔9.7米，通进深15米，占地面积146平方米。有格子窗、砖雕，有砖雕门楼。

汪水太宅

位于祁门县箬坑乡八一村伦坑组，建于清代。坐北朝南，走马楼式砖木结构二层建筑。通面阔9.3米，通进深13.6米，占地面积126.5平方米。一明堂，侧两厢房，明堂对面为四间厢房，中设天井，天井下明堂以青石板铺地。

汪水仙宅

位于歙县王村镇王村上店自然村28号西边后排，建于清代。坐南朝北，一进三开间砖木结构。通面阔8米，通进深7.1米，占地面积56.8平方米。厢房内有雕花老床。

汪水祥宅

位于绩溪县上庄镇五联村庙川自然村27号，建于清代中后期。坐东南朝西北，占地面积358平方米。一进三开间二层建筑。前檐置一天井，撑拱承挑出檐，左侧为耳房。室内的隔扇、门窗、雀替、方梁上都有精美雕刻。

汪顺昌宅

原位于徽州区西溪南镇竦塘村，现位于潜口民宅清园内，始建于清道光年间。由前后两个三合式院落组成。最先建后进和厨房，前进和南侧厅（原辟为私塾）陆续兴建，整幢宅子建筑年代相距五十年以上，先后历经道光、咸丰、同治、光绪四个朝代。砖雕门罩雕琢细腻，线条简练，雕镂精致。木构架、出檐及砖、木、石等装修细腻。1988年作为潜口民宅的组成部分被列为全国重点文物保护单位。

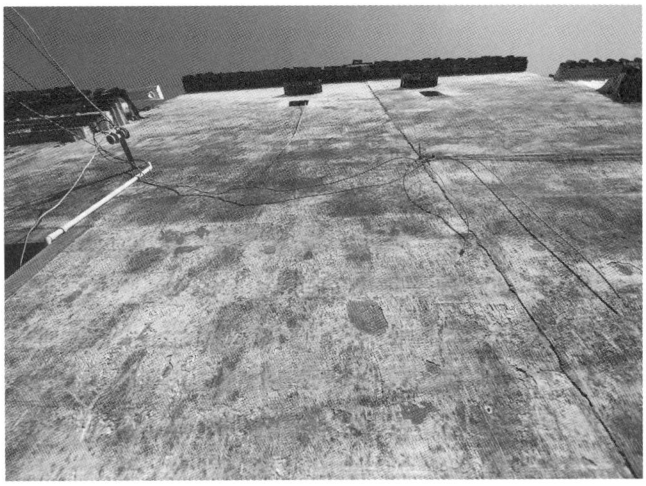

汪顺成宅

位于黟县碧阳镇星火村中光组，建于清代。坐北朝南，通面阔9.7米，通进深8.3米，占地面积80.5平方米。三开间砖木结构二层建筑。木构架承重，木构架、装修等较完整，构配件、隔扇门窗等木雕保存较好。

汪顺道宅

位于祁门县芦溪乡芦溪村40号，建于清代。坐南朝北偏西，砖木结构二层建筑。通面阔9米，通进深5米，占地面积45平方米。砖雕、木雕保存尚可。正屋因火灾已重建。现存西厅建筑。

汪顺林等宅

位于歙县徽城镇金山村，建于清代。坐南朝北，一进三开间一天井二层建筑。通面阔10.5米，通进深8.7米，占地面积91.35平方米。有砖雕门楼。

汪顺时宅

位于歙县雄村镇雄村，建于清代。坐南朝北，二进二开间二层建筑。通面阔10.9米，通进深7.57米，占地面积82.5平方米。有斜撑，格子窗部分损坏，无木雕、砖雕。

汪顺意等宅

位于休宁县海阳镇齐宁社区桂花树巷37号。坐北朝南，八合式布局。立柱及柱础均方形，雀替雕饰如意，斜撑雕饰花卉及「寿」字，木隔扇门雕刻土龙。

汪四玲、郑小华宅

位于歙县富堨镇承狮村岭山组，建于清代。坐北朝南，二进三开间二层建筑。通面阔11.22米，通进深14.8米，占地面积166.1平方米。下堂有厢房，梁上有雕花。

汪四平二号宅

位于祁门县历口镇彭龙村上坑组，建于清代。坐北朝南，三开间前后厅式砖木结构二层建筑。通面阔10.8米，通进深18米，占地面积194平方米。砖雕门楼，前后设有天井，屋内月梁、斜撑、雀替、隔扇等雕刻保存完好，青石、木板铺设地面。

汪四平一号宅

位于祁门县历口镇彭龙村上坑组，建于清代。坐西朝东，三开间前后厅式砖木结构二层建筑。通面阔10.2米，通进深13.7米，占地面积140平方米。砖雕门罩，前后厅均设天井，屋内月梁、斜撑、雀替等雕刻保存尚可，青石、木板铺设地面。

汪松鹅宅

位于歙县溪头镇畔岔村，建于清代。坐北朝南，一进三开间上下堂带天井二层建筑。通面阔10米，通进深11.39米，占地面积113平方米。大门居中，有门庭。外部保护完好，有砖雕门楼。

汪松庆宅

位于徽州区岩寺镇龙井居委会向阳巷，建于清代。坐北朝南，建筑面积120.48平方米。一进三开间二层建筑。上堂三间，为显厅，前檐柱一根通梁，檐柱与金柱间上置轩棚，铺望砖，有腰檐。楼上三间，明间为厅，两次间为房。

汪松树、汪润元宅

位于歙县霞坑镇洪琴村055号，建于清代。坐西北朝东南，二进三开间。通面阔10.4米，通进深14.1米，占地面积约147平方米。上下对堂，两侧有厢房，中间天井，砖雕、木雕基本完好，牌匾为清代状元陆润庠所题。

汪松涛宅

位于屯溪区新潭镇竹林村，建于清代。坐东北朝西南，一进三开间砖木结构二层建筑。占地面积约183平方米。抬梁穿斗并用式构架，硬山式屋顶，次间为厢房，天井明堂与堂屋地均铺石板。斜撑、雀替等木构件雕花、描金，整体造型古朴大方。

汪松祥宅

位于黟县宏村镇宏村，建于清光绪年间。坐北朝南，三开间二层建筑。主体通面阔9.2米，通进深9.5米，占地面积123.4平方米。建筑内门厅、门楼、挂落、雀替保存较完整，内有一花园。

汪松元宅

位于黟县碧阳镇碧山村碧西组，建于清代。坐北朝南，通面阔9.6米，通进深8.3米，占地面积79.7平方米。三开间带二厢有天井二层建筑。隔扇门窗、横风窗等木构配件与砖雕门楼制作较精致，保存完好。

汪苏江宅

位于歙县深渡镇深渡老街，建于清代。坐南朝北，三进三开间一天井二层建筑。通面阔12米，通进深15.7米，占地面积188.4平方米。前进为店堂，后进为三开间二过厢，左过厢边开边门，右过厢边有楼梯。大门挑罩檐，粉素墙。

汪遂意宅

位于歙县许村镇许村高阳四组，建于清代。坐东朝西，一进二开间。通面阔7.6米，通进深6.6米，占地面积49.8平方米。

汪天生宅

位于歙县坑口乡瀹源村汪村自然村，建于清代。坐北朝南，三开间四合式上下对堂砖木结构二层建筑。通面阔12.85米，通进深13.7米，占地面积176平方米。有简朴的砖雕门楼。照壁左右有梁，两厢未装隔扇。

汪天一宅

位于歙县许村镇许村东升自然村097号，建于清代。坐西朝东，二进三开间四合院式二层建筑。通面阔9.2米，通进深13.7米，占地面积126平方米。内部斜撑、窗栏等构件有雕刻。门口有一小院、小廊。院门朝西开。

汪天佑等宅

位于休宁县榆村乡榆村，建于清代。坐北朝南，二进五开间。占地面积58.32平方米。门罩砖雕饰花卉、土龙、斜方格，一进木隔扇板、隔扇窗、裙板均饰方格，柱础方形，地铺白麻石；二进地袱石雕刻瑞兽及花卉、『卍』字等。

汪天助宅

位于歙县深渡镇绵潭村，建于清代。坐北朝南，通面阔14.4米，通进深9.55米，占地面积137.52平方米。右主房为三开间二过厢。正厅后有楼梯，梯后储藏间。左边为前厅后包厢。石质门框，周边镶青砖，吊脚门楼，上方挑檐。

汪铁老宅

位于歙县雄村镇庄源村五组，建于清代。坐北朝南，二进三开间带天井。通面阔7.1米，通进深8.06米，占地面积61.06平方米。有冬瓜梁、斜撑、梁柁、格子窗。

汪廷栋宅

位于歙县北岸镇瞻淇村，又称『资政第』，建于清末。坐西北朝东南，三进三开间二层建筑。占地面积210平方米。西为退思堂，有『资政第』匾额，左侧为一倒厅三间，左后为一花榭宅院，院后为默思堂，三合式二层建筑，有『泽洽河湟』匾额。2006年被列为歙县重点文物保护单位。

汪庭琏宅

位于祁门县历口镇彭龙村后山组，又名『明德堂』，建于清代。坐北朝南，五开间一厅四房砖木结构二层建筑。通面阔15.6米，通进深8.4米，占地面积131平方米。前设天井，大门朝东开，屋内无精雕细作。

汪团敬宅

位于祁门县芦溪乡芦溪村，建于清代。坐南朝北偏西，砖木结构二层建筑。通面阔10米，通进深10.2米，占地面积102平方米。前设天井，屋内木雕保存尚可，青石板铺设地面。

汪婉芳宅

位于屯溪区新潭镇长林村过塘坞自然村过里组，建于清代。占地面积90.49平方米。一进三开间砖木结构二层建筑。天井与堂屋持平，明间大方砖斜铺地，两次间为住房，隔断全部木皮门装修，楼上全部木皮门装修，坎上小隔扇窗装修，天井东首有小门通往小厨房。

汪万林宅

位于祁门县历口镇彭龙村敬典组，建于清代。坐北朝南，一进三开间二房一厅砖木结构。通面阔8.8米，通进深8.4米，占地面积74平方米。厢房已改建，前设天井，有院，无精雕细作。

汪旺祥宅

位于祁门县箬坑乡下汪村，建于清代。坐西朝东，砖木结构二层建筑。通面阔14米，通进深11.7米，占地面积164平方米。内设天井，木雕隔扇尚存，原有二明堂二天井，另一半已拆。现存建筑保存尚好。

汪维钧宅

位于祁门县历口镇彭龙村后山组，建于清代。坐北朝南，一进三开间二房带一厢砖木结构二层建筑。通面阔8.2米，通进深8.1米，占地面积66平方米。大门朝东开，前设天井，屋内无精雕细作，青石、木板铺设地面。

汪伟平宅

位于黟县宏村镇宏村，建于清末。坐北朝南，二进三开间二层建筑。占地面积305平方米。木构架雕刻保存完整。西向为厨房。

汪伟业宅

位于祁门县芦溪乡查湾村30号，建于清代。坐北朝南，一进三开间砖木结构二层建筑。通面阔11米，通进深9.5米，占地面积101平方米。原前设天井（已改为明棚），屋内木雕精美，保存较好，青石、木板铺设地面。

汪卫钢宅

位于祁门县芦溪乡芦溪村，建于清代。坐南朝北偏西，前后厅式砖木结构二层建筑。通面阔10米，通进深20.5米，占地面积205平方米。前有院落，屋前设天井，青石铺设地面，木雕精美。

汪文宝宅

位于歙县徽城镇大梅口村，建于清代。坐南朝北，一进三开间一天井砖木结构二层建筑。通面阔9.6米，通进深8.7米，占地面积83.5平方米。有简易门楼。

汪文斌等宅

位于歙县北岸镇白杨村方祈自然村，建于清代。坐北朝南，二进三开间。通面阔9.8米，通进深13.5米，占地面积132.3平方米。内有诸多木雕，较为精美，整体保存较好。

汪文进宅

位于歙县森村乡渔岸村，建于清乾隆年间。坐南朝北，通面阔10米，通进深18.3米，占地面积183平方米。里外两进，上下两院，内有厢房，门楼有雕刻，内有少量木雕。

汪文太宅

位于祁门县历口镇彭龙村后山组，又名『敦睦堂』。坐北朝南，一进三开间二层建筑。通面阔8.6米，通进深7.8米，占地面积67平方米。有院，前设天井，屋内有木雕，青石、木板铺设地面。

汪文新宅

位于祁门县小路口镇石谷村石二组40号，建于清末。坐东朝西，一进三开间砖木结构二层建筑。通面阔9米，通进深8.1米，占地面积73平方米。设边门进出，砖制门罩，前设天井。

汪武斌宅

位于歙县溪头镇洪村口村金锅岭自然村，建于清末。坐南朝北，开正门，朝西有侧门。通面阔7米，通进深6.4米，占地面积44.8平方米。内部设施保存一般，南侧花园已倒塌。

汪锡华宅

位于歙县王村镇王村上店自然村28号西邻，建于清代。通面阔11.25米，通进深11.9米，后园深3.5米，占地面积173.25平方米。北门临街，有22扇木板门。

汪锡良宅

位于祁门县芦溪乡芦溪村，建于清代。坐北朝南，通面阔16.5米，通进深19.1米，占地面积315平方米。分正屋和余屋两间。正屋前后厅对开，中设天井，青石铺设地面。

汪先红宅

位于黟县碧阳镇南屏村，建于清代。坐东朝西，通面阔8.85米，通进深6.9米，占地面积61.1平方米。三开间带二厢有天井二层建筑。

汪祥兴宅

位于黟县碧阳镇碧山村碧西组，建于清代。坐西北朝东南，通面阔14.6米，通进深7.6米，占地面积111平方米。五开间带二厢有天井二层建筑。

汪小季宅

位于徽州区西溪南镇竦塘村一组，建于清代。坐南朝北，建筑面积138.56平方米。一进三开间二层建筑。上堂三间，明间为厅，次间为房，明间大方砖斜铺地。楼上装格子门，前檐口柱头装有狭长丁字拱，檐口有飞椽，屋面无望砖。

汪小龙等宅

位于黄山区耿城镇辅村，建于清代。二进五开间。占地面积240.41平方米，高约6米。木架结构穿斗式，中柱直接到顶，硬山式屋顶，水门汀地面，中有天井，天井下明堂为地沟式，白灰墙，天棚望板。明堂上檐有斜撑8个，为狮子戏球、松鼠抱葡萄等图案。照壁处一步梁上梁袱雕有人物图案。左厢有偏房一间。

汪小牛宅

位于歙县霞坑镇里方村二组，建于清代。坐西北朝东南，二进三开间三层建筑。通面阔9.9米，通进深13.9米，占地面积138平方米。门楼有砖雕。内部梁枨、斜撑、雀替等构件有简单雕刻。

汪小平宅

位于黟县碧阳镇关麓村，建于清代。坐西南朝东北，通面阔10.29米，通进深7.25米，占地面积74.4平方米。三开间砖木结构二层建筑。木构架承重，木构配件、隔扇等制作较好。

汪筱荣宅

位于徽州区岩寺镇石岗村，建于清代。坐北朝南，建筑面积130.34平方米。三间上下对堂四合式二层建筑。二道门后为小厅，两次间为房。上堂三间，明间为厅，两次间为房。楼上走马楼，上下堂各为三间分割。

汪筱玉等宅

位于歙县北岸镇呈村降村呈西自然村，建于清代。坐北朝南，二进三开间楼房。通面阔11.15米，通进深9.25米，占地面积103.14平方米。门楼无砖雕，内无木雕。

汪谐利等宅

位于歙县北岸镇瞻淇村378号，建于清代。坐东南朝西北，一进三开间。通面阔9.5米，通进深8米，占地面积76平方米。门楼有砖雕，内有部分木雕。正门朝东偏斜。

汪新淦等宅

位于歙县北岸镇瞻淇村后村组，建于清代。坐东朝西，二进三开间楼房。通面阔7.95米，通进深14.28米，占地面积113.53平方米。前有小院，正门口有石鼓，内部有木雕。

汪新光宅

位于歙县王村镇王村上店自然村29号，建于清代。一进三开间砖木结构二层建筑。通面阔9.25米，通进深7.18米，占地面积66.415平方米。南门临街，有6扇木板门。

汪新华宅

位于屯溪区新潭镇霞高村霞塘自然村，建于清代。坐北朝南，占地面积约66平方米。梁架穿斗式，柱础圆鼓状，斜撑、雀替雕刻八仙人物和松树图案，大梁方形，下有挂落，开厢有屏门，饰大方格、草龙、冰裂纹和蝙蝠，裙板雕刻花卉，地面铺水磨石金砖。

汪新建宅

位于黟县碧阳镇碧山村碧西组，建于清代。坐北朝南，通面阔10.2米，通进深18.1米，占地面积184.6平方米。二进三开间带二厢二天井二层建筑。隔扇门窗、横风窗、木构配件及砖雕门楼制作精致，保存较好。

汪新民等宅

位于休宁县板桥乡板桥村杨林湾组39号，建于清代。坐北朝南，一进三开间。占地面积97.94平方米。门罩绘人物、花卉，天井处铺青石板，立柱及柱础方形，雀替饰花卉，斜撑为卷叶造型，挂落饰冰裂纹，木隔扇窗饰花卉，隔扇门饰如意、花卉等。

汪新敏宅

位于休宁县齐云山镇东亭村南坑组46号，建于清代。坐东北朝西南，一进三开间。占地面积112平方米。门罩有彩绘，立柱、柱础方形，雀替雕人物、花卉及土龙，斜撑雕人物、花卉等，木隔扇窗饰方格，裙板雕如意、瑞兽及变形『寿』字，偏厅雀替饰花卉。

汪新木宅

位于歙县徽城镇渔梁街92-5号，建于清末。坐北朝南，通面阔5.3米，通进深4.8米，占地面积25.44平方米。砖木结构二层建筑。圆柱支撑。

汪鑫锋宅

位于祁门县历口镇彭龙村上坑组，建于清代。坐西朝东，一进三开间带二厢二房砖木结构二层建筑。通面阔10.4米，通进深9.1米，占地面积95平方米。砖雕门罩，前设天井，青石、木板铺设地面。

汪鑫文宅

位于祁门县历口镇彭龙村东来组，建于清代。坐北朝南，三开间前后厅式砖木结构二层建筑。通面阔10.5米，通进深10米，占地面积105平方米。未设天井。

汪信修宅

位于祁门县历口镇彭龙村后山组，建于清代。坐北朝南，一进三开间砖木结构二层建筑。通面阔10米，通进深9.4米，占地面积94平方米。砖雕门罩，前设天井，屋内有木雕。

汪星垣宅

位于黄山区永丰乡永丰村小河组，建于清代。一进三开间二层建筑。占地面积98.77平方米，高约6.1米。前有宅院，后为余庆堂。木架结构穿斗式，斜方格纹水门汀地面，天井下明堂地沟式，板壁墙，天棚望板。

汪兴华宅

位于黄山区三口镇汪家桥村汪家桥组，建于清代。二进三开间。占地面积105.84平方米，高约5米。木架结构穿斗式，三合土地坪，天井下明堂地沟式，板壁墙，天棚无望砖。正门在左侧。

汪杏娟宅

位于绩溪县瀛洲镇汪村，建于清代后期。坐北朝南，占地面积176平方米。由庭院和正厅两部分组成。正厅两层，上下对堂，二楼通转，中设一天井，撑拱承挑出檐，抬梁穿斗并用式梁架，三合土地坪，外砌封火墙。木雕构件雕刻精美。

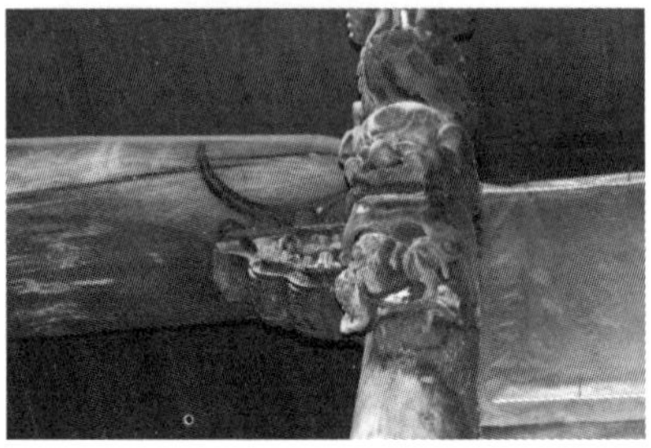

汪秀兰宅

位于黟县宏村镇宏村，建于清宣统年间。坐北朝南，主体通面阔11米，通进深8米，占地面积108平方米，建筑面积158平方米。三开间二层建筑。

汪秀丽宅

位于黟县碧阳镇横岗村，建于清代。坐西朝东，通面阔9.2米，通进深9.1米，占地面积83.7平方米。三开间厅堂式带二厢有天井二层建筑。隔扇门窗、横风窗和飞罩等木装修保存完好，木构配件雕刻精美别致。

汪秀英宅

位于歙县雄村镇雄村庄潭自然村一组，建于清代。坐北朝南，二进三开间上下对堂二层建筑。通面阔9.17米，通进深12.52米，占地面积121.4平方米。有天井、格子门、格子窗、门套。

汪秀玉宅

位于绩溪县瀛洲镇仁里村174号，建于清代晚期。坐东北朝西南，中西合璧式三层建筑。一层进大门为走廊，走廊后侧有3间厢房，二层前向为走廊，走廊后有5扇门，3间房，其他三面都开有5个细长方形窗，人字轩顶，抬梁穿斗并用式梁架。

汪秀枝宅

位于祁门县溶口乡严潭村22号，建于清代。坐北朝南，一进三开间砖木结构二层建筑。通面阔10米，通进深9米，占地面积90平方米。砖雕门罩，前设天井，屋内有少许木雕，原隔扇已失，青石板铺地。

汪旭升宅

位于祁门县历口镇彭龙村后山组，又名『厚信堂』，建于清代。坐北朝南，一进三开间砖木结构二层建筑。通面阔10米，通进深9米，占地面积90平方米。砖雕门罩，前设天井，厢房有改动，屋内斜撑、雀替保存较好。

汪旭唐等宅

位于休宁县板桥乡樟前村112号，建于清代。坐西北朝东南，一进三开间二层建筑。占地面积60.84平方米。天井下明堂铺青条石板，立柱及柱础方形，雀替雕花卉，额枋饰花卉，二楼栏板外雕刻人物、大卷叶纹及花卉、瓜果，木隔扇窗饰变形蝙蝠，上有『寿』字及冰裂纹。

汪宣智宅

位于祁门县芦溪乡芦溪村，建于清代。坐北朝南偏东，一进三开间砖木结构二层建筑。通面阔12米，通进深7.25米，占地面积87平方米。屋内木雕受损，东侧花厅为二层结构，花窗尚存。

汪雪昌宅

位于歙县徽城镇南源口村，建于清代。坐北朝南，一进三开间砖木结构二层建筑。通面阔7.1米，通进深5.3米，占地面积约37.6平方米。砂石地面。

汪雪樵宅

位于黟县碧阳镇关麓村，建于清代。坐东朝西，通面阔10.5米，通进深9.6米，占地面积100.8平方米。三开间砖木结构二层建筑。木构架承重，木构配件及隔扇等制作较好。

汪衍生宅

位于歙县北岸镇白杨村新桥自然村，建于清代。坐西朝东，二进三开间。由左右两幢建筑相连而成。左幢面阔10.35米，进深12.95米，占地面积134.03平方米；右幢面阔9.15米，进深8.9米，占地面积81.44平方米。门楼无砖雕，内有部分木雕。

汪养修宅

位于祁门县历口镇彭龙村后山组，建于清代。坐北朝南，一进三开间二房带二厢砖木结构二层建筑。通面阔9.6米，通进深8.1米，占地面积78平方米。无天井，无精雕细作。

汪要要宅

位于歙县徽城镇大梅口村，建于清代。坐南朝北，二进一开间二层建筑。通面阔4.5米，通进深5.3米，占地面积24平方米。砂石地面。

汪贻竹宅

位于歙县坑口乡瀹坑村汪村自然村，建于清末。坐西北朝东南，一进三开间『品』字结构二层建筑。通面阔9.06米，通进深9.9米，占地面积89.7平方米。无木雕，门楼上有砖雕图案花板，窗衣已无，窗门改装。

汪义龙等宅

位于歙县徽城镇鲍川村塘坞自然村，建于清代。坐北朝南，一进三开间砖木结构。通面阔9.5米，通进深9.7米，占地面积约89平方米。部分倒塌。有门楼。

汪益社宅

位于徽州区潜口镇澄塘村，建于清代。坐东朝西，建筑面积77.89平方米。三开间上下对堂，大门开在东边门廊次间。下堂明次间隔为房间，向天井下明堂开窗。上堂三间通间为厅，西边砖竖砌隔断。楼上三间，明间为厅，次间为房。

汪银翠宅

位于歙县深渡镇漳岭山村勤益组，建于清代。坐西朝东，二进三开间上下对堂二过厢有天井二层建筑。通面阔10.3米，通进深13.3米，占地面积136.99平方米。天井下明堂右边设楼梯，偏北开正大门，大门顶挑檐，镶砖雕。

汪银凤等宅

位于歙县北岸镇显村，建于清代。坐北朝南，二进三开间。通面阔10.4米，通进深7.1米，占地面积73.84平方米。门楼无砖雕，内有部分木雕。正厅中央有『立本堂』匾额。

汪银菊宅

位于歙县深渡镇向丰村四新组，建于清代。坐北朝南，一进三开间带二厢二层建筑。通面阔9.6米，通进深7.9米，占地面积75.84平方米。厅后有楼梯。大门正面素墙，挑檐画花。

汪银珠宅

位于歙县昌溪乡红心村庠里自然村，建于清代。坐西朝东，一进三开间楼房。通面阔7.2米，通进深6.55米，占地面积47平方米。两侧门窗已改造，无天井，屋内无木雕，楼梯置于正堂照壁后。

汪英英宅

位于歙县深渡镇绵潭村燎原组，建于清代。坐北朝南，一进三开间二过厢。通面阔9米，通进深7.7米，占地面积69.3平方米。正厅后为楼梯，左右开边门，前面为院落。门楼挑檐，镶有大量砖雕。

汪影萍宅

位于歙县北岸镇白杨村新桥自然村，建于清代。坐西朝东，二进三开间。通面阔9.65米，通进深12.25米，占地面积118.21平方米。有门楼，砖雕较精美，内无木雕。

汪拥军宅

位于祁门县小路口镇石谷村石一组43号。坐东朝西，走马楼式砖木结构二层建筑。通面阔9米，通进深14.8米，占地面积133平方米。砖制门罩受损，前厅设有照壁，中设天井，青石铺设地面。

汪拥军宅

位于徽州区西溪南镇巴村琶塘自然村一组，建于清代。建筑面积187.53平方米。三开间二对堂二层建筑。门罩有精美砖雕。正屋上下对堂，下堂平房，明间为门厅，两次间为房。上堂三间显厅。楼上三间，明间为厅，次间为住房，有腰檐，有望砖。

汪永辉宅

位于祁门县历口镇彭龙村后山组。坐北朝南，一进三开间一厅二房带二厢砖木结构二层建筑。通面阔8.3米，通进深9.5米，占地面积79平方米。无天井，无雕刻。

汪永家宅

位于歙县雄村镇庄源村七组，建于清代。坐北朝南，一进三开间二层建筑。通面阔9.6米，通进深11.41米，占地面积109.5平方米。有门楼、格子门、格子窗、天井、斜撑和梁枋。有2个楼梯，有小冬瓜梁、花板和石础。

汪永康宅

位于歙县徽城镇南源口村，建于清代。坐北朝南，一进三开间。通面阔5.4米，通进深7.5米，占地面积约40.5平方米。外墙坚固，边门为青石门楼。

汪永康宅

位于黟县宏村镇宏村，建于清代。坐南朝北，主体通面阔10米，通进深5米，占地面积50平方米，建筑面积95平方米。三开间二层建筑。

汪永玲宅

位于黟县宏村镇宏村，建于清代。坐北朝南，占地面积98平方米。正屋布局为三间二层，前设天井，天井下明堂上方设有封盖，木构架保存较为完整。

汪永龙宅

位于歙县雄村镇庄源村五组，建于清代。坐北朝南，一进三开间。通面阔9.86米，通进深5.35米，占地面积52.8平方米。结构简单，有方石础、格子门和格子窗。

汪永平宅

位于祁门县芦溪乡查湾村85号，建于清代。坐北朝南，走马楼式砖木结构二层建筑。通面阔9.5米，通进深17.4米，占地面积183平方米。砖雕门罩，中设天井，青石铺设地面，屋内木雕保存较好。

汪永平宅

位于黟县碧阳镇南屏村，建于清末。坐西朝东，通面阔10.25米，通进深7.45米，占地面积76.4平方米。三开间带二厢有天井砖木结构二层建筑。木构架承重，总体制作较好。

汪永土宅

位于歙县雄村镇庄源村七组，建于清代。坐北朝南，二进三开间带天井二层建筑。通面阔8.81米，通进深13.16米，占地面积115.39平方米。有斜撑、石础、格子门、格子窗。有2个楼梯，有厢房。

汪永祥宅

位于黟县宏村镇宏村，建于清光绪年间。坐北朝南，主体通面阔10米，通进深11.6米，占地面积166平方米，建筑面积257平方米。三开间二层建筑。莲花门保存较完整。

汪永秀宅

位于歙县深渡镇向丰村六联组，建于清代。坐西朝东，一进三开间楼房。通面阔6.6米，通进深6.7米，占地面积42.2平方米。前厅后房，厅后有楼梯，门楼镶青砖，开天窗，上挑檐。

汪永阳宅

位于徽州区西溪南镇竦塘村梧竺源自然村一组，建于清代。坐西朝东，建筑面积63.15平方米。一进三开间二层建筑。正屋三间，明间为厅，两次间为住房。柱头有雕花斜撑。楼上三间分割，装格子门，屋面无望砖，檐口装望板。

汪永忠宅

位于黟县碧阳镇北街社区，建于清末。坐西朝东，通面阔11.5米，通进深13.3米，占地面积153平方米。二进三开间前后背厅带二厢有天井砖木结构二层建筑。木构架承重，木构架、装修等较完整。

汪用兴宅

位于黟县碧阳镇星火村闾山组，建于清末。坐西朝东，通面阔10米，通进深8.35米，占地面积83.5平方米。三开间带二厢有天井砖木结构二层建筑。木构架承重，木构架、装修等较完整，构配件、隔扇门窗等保存较好。

汪友财宅

位于黟县宏村镇雉山村卢村组，建于清代。坐西朝东，通面阔13.9米，通进深6.46米，占地面积89.8平方米。三开间二层建筑。

汪有江宅

位于绩溪县长安镇坦头村，建于清代后期。坐东朝西，占地面积213.5平方米。前后两进，前进为上下对堂，二楼通转，中设天井，三合土地坪；后进为附属房，后檐墙设一天井，右侧为厨房，室内有撑拱、雀替装饰。整栋建筑保存完整。

汪有军宅

位于黟县碧阳镇星火村闾山组，建于清代。坐西朝东，通面阔9.95米，通进深8.35米，占地面积83.1平方米。三开间有天井砖木结构二层建筑。木构架承重，房屋木构架较完整。

汪有来宅

位于徽州区西溪南镇竦塘村三组，建于清代。坐东北朝西南，建筑面积218.45平方米。三开间上下对堂二层建筑。门厅有两道屏门，两次间为房。上堂三间起楼，楼下三间，明间为厅，两次间为房。楼上沿天井下明堂三边坎上装格子门，屋面无望砖，檐口沿明堂一圈装望板。

汪有林宅

位于徽州区潜口镇潜口村唐鸭路，建于清代。坐北朝南，建筑面积166.4平方米。三开间上下对堂二层建筑。下堂明间长条砖铺地，两次间为住房。上堂三间，明间为厅，两次间为房。楼上为走马楼，双开格子门，前檐口饰望板。

汪有志宅

位于绩溪县板桥头乡龙丛村33号，建于清代后期。坐北朝南，二进三开间砖木结构二层建筑。占地面积300平方米，楼梯在正厅的照壁后，两厢房上部镂空雕人物及缠枝花卉，有『忠孝持家』等字样纹饰。

汪雨霖宅

位于黟县碧阳镇碧山村碧东组，建于清末。坐西朝东，一进三开间一天井二层建筑。通面阔10.8米，通进深8.35米，占地面积90.2平方米。砖雕门楼，天花板有彩绘，隔扇门窗和木雕构件基本保存完好。

汪玉娣宅

位于歙县坑口乡薛源村柔川自然村，建于清末。坐西北朝东南，一开间砖木结构二层建筑。通面阔3.85米，通进深9米，占地面积78.75平方米。无砖木雕饰。

汪玉锦宅

位于歙县坑口乡瀹坑村汪村自然村，建于清末。坐东南朝西北，四合式上下对堂砖木结构二层建筑。通面阔9.6米，通进深12.1米，占地面积116.16平方米。两厢原无隔扇，槛窗完好，窗衣已无。鼓形柱础，门楼砖雕精美。

汪玉荣宅

位于黟县宏村镇汤蜀村岭下组，建于清代。坐西北朝东南，通面阔10.22米，通进深6.92米，占地面积70.7平方米。三开间带二厢有天井二层建筑。照壁后上楼，左厢侧耳门为入口大门，右厢侧耳门通厨房。隔扇窗罩保存完整。

汪玉仙宅

位于歙县北岸镇瞻淇村083号，建于清代。坐南朝北，由前后两栋房子组成。前屋二进三开间，面阔8.45米，进深6.25米；后屋面阔4.05米，进深9.2米。总占地面积90平方米。门楼有砖雕，内有木雕。

汪玉英宅

位于歙县北岸镇瞻淇村528号，建于清代。坐东朝西，二进三开间。通面阔9.36米，通进深11.91米，占地面积106平方米。内部斜撑、门窗等有精美雕刻。

汪育铮宅

位于黟县碧阳镇柏山村上历组，建于清代。坐东朝西，通面阔10.6米，通进深18.75米，占地面积198.5平方米。二进三开间带二厢二天井砖木结构二层建筑。前进为上下厅，中天井，隔扇门窗、横风窗、飞罩、构配件及门楼等制作较好。

汪遇巧宅

位于黟县渔亭镇团结村红联自然村，建于清代早期。坐北朝南，通面阔7.55米，通进深8.4米，占地面积62.7平方米。三开间有天井二层建筑。左侧门为入口，由主屋上楼。地面全由红料块石铺成。木构架、装修等较完整，天井下明堂天棚为民国时期添加。

汪裕光宅

位于徽州区西溪南镇竦塘村梧竺源自然村二组，建于清代。坐西朝东，建筑面积150平方米。三开间上下两对堂二层建筑。门厅红石板铺砌，两次间窗槛上双开格子窗扇。上堂三间，明间为厅，两次间为房。楼上走马楼，三间分割，屋面铺望板，檐口铺望砖。

汪裕林等宅

位于歙县徽城镇南源口村，建于明末。坐北朝南，二进三开间二天井砖木结构。通面阔9.45米，通进深13米，占地面积约122.85平方米。有格子窗、木雕和砖雕。濒临倒塌。

汪煜棠等宅

位于歙县徽城镇金山村，建于清代。坐南朝北，二进三开间一天井。通面阔 10 米，通进深 15.1 米，占地面积 151 平方米。曾改建。门楼砖雕被黄泥涂抹。

汪元炳等宅

位于休宁县溪口镇石田村，建于清代。坐北朝南，二进三开间。占地面积 144.9 平方米。门罩砖雕花草、瑞兽、变形『寿』字图案。一进柱础方形，地面铺长条麻石，雀替、斜撑雕刻花草、龙纹，木隔扇窗饰方格，裙板雕刻宝剑、宝瓶、香炉等；二进雀替、斜撑雕刻花草、龙纹，裙板雕刻宝剑等图案；内门罩装饰鳌鱼吻及绘画。

汪元里宅

位于黟县宏村镇宏村，建于清代。坐北朝南，建筑面积81.9平方米。三开间二层建筑，木构架完整。

汪远伟等宅

位于歙县北岸镇显村，建于清代。坐北朝南，三进三开间。前两进面阔8.1米，进深17.9米；后进面阔9.75米，进深4.1米，总占地面积184.97平方米。门楼有砖雕，内部有木雕，较精美。

汪月宏宅

位于歙县徽城镇大梅口村，建于清代。坐东朝西，一进三开间。通面阔8.8米，通进深8米，占地面积70平方米。两根扁梁，圆柱圆墩、麻石门楼，有砖雕。

汪月花等宅

位于歙县北岸镇呈村降村呈西自然村，建于清代。坐北朝南，二进三开间楼房。通面阔7.25米，通进深12.16米，占地面积88.16平方米。门楼有砖雕，内有少量木雕。

汪月姣宅

位于屯溪区新潭镇长林村过塘坞自然村，建于清代。占地面积340.09平方米。正屋为二进三开间四合院，上堂、下堂明间柱头装饰雕刻人物斜撑。楼上为走马楼，跟楼下一样分割。楼城皮门装修，檐口有8只雕花斜撑，屋面全部木望板铺盖，檐口铁皮水枧。天井下明堂西首有门通入边屋，边屋为三间楼房，向西首开有大门。

汪跃兵宅

位于祁门县箬坑乡下汪村，又名『敦善堂』，建于清代。坐西朝东，砖木结构二层建筑。通面阔10.3米，通进深10米，占地面积103平方米。前设天井，无大门，左侧开门进出，有院，屋内月梁、斜撑雕刻精致，明间木板铺设。

汪跃进宅

位于歙县溪头镇洪村口村，建于清代。坐北朝南，二进三开间。通面阔8.8米，通进深9.1米，占地面积81平方米。内有天井，上下堂，有砖雕门楼。

汪跃进宅

位于绩溪县瀛洲镇汪村58号，建于清代后期。坐西北朝东南，占地面积137平方米。一进三开间二层建筑。前一庭院，正厅为东西厢房，前檐设天井，撑拱承挑出檐，二楼有美人靠，室内的斜撑等有精美的雕刻，正厅上首有木质照壁，三合土地坪，外围封火墙。

汪跃武宅

位于祁门县古溪乡黄龙村黄一组，建于清末。坐西南朝东北，一厅带四厢砖木结构二层建筑。前设天井，屋内雕刻甚少，建筑风格简朴。

汪跃祥宅

位于黟县碧阳镇关麓村，建于清代。坐南朝北，通面阔10米，通进深9.25米，占地面积92.5平方米。三开间有天井厅堂式砖木结构二层建筑。木构架承重，整体保存完整，内构配件制作较好，门窗、雀替、斜撑等精美别致。

汪云飞宅

位于黟县碧阳镇关麓村，建于清代。坐东北朝西南，通面阔10.05米，通进深8.65米，占地面积86.9平方米。三开间砖木结构二层建筑。木构架承重，木构配件雕刻较好。

汪云花宅

位于歙县徽城镇渔梁街，建于清末。坐西朝东，通面阔5.25米，通进深4.55米，占地面积24平方米。砖木结构二层建筑。

汪云仙宅

位于歙县昌溪乡昌溪村红旗自然村，建于清代。坐东朝西，一进三开间。占地面积48平方米。厢房窗栏雕刻古朴，北面紧接15平方米厨房一间，西面有通道至卧室，卧室地势高出正屋1米，14级石阶而上。

汪云祥宅

位于屯溪区屯光镇南溪南村122号，建于清代。坐西北朝东南，一进三开间走马楼式砖木结构建筑。占地面积约215平方米。穿斗式构架，硬山式屋顶。明间为厅，次间为厢房，上下堂布局。天井西侧建有一耳房，花窗等构件有雕花装饰。

汪运飞宅

位于歙县徽城镇南屏村忠堡自然村，建于清代。坐南朝北，砖木结构二层建筑。通面阔4.7米，通进深8米，占地面积约37.6平方米。格子门（花板），砂石地面，有门楼。

汪韵香宅

位于绩溪县瀛洲镇仁里村175号，建于清代晚期。坐北朝南，占地面积260平方米。一进三开间二层建筑。由正厅、一间附属房和庭院组成，前檐檐部设一天井，硬山式屋顶，抬梁穿斗并用式梁架，撑拱承挑出檐。

正厅前面为一庭院，正厅右侧为附属房。

汪再食宅

位于屯溪区黎阳镇三门呈村，建于清代。占地面积约114平方米。坐北朝南，一进三开间砖木结构走马楼式二层建筑。穿斗式构架。明间为厅，次间为厢房，上下堂布局。上堂后有楼梯，自东向西登楼。

汪灶奎宅

位于歙县深渡镇向丰村四新组，建于清代。坐北朝南，通面阔7.8米，通进深6.2米，占地面积48.36平方米。前厅后房二层建筑。中间有楼梯，门楼镶素砖雕。

汪灶顺宅

位于黟县宏村镇宏村，建于清代。坐北朝南，通面阔11.8米，通进深9.8米，占地面积150平方米。三开间二层建筑。建筑门楼上的4块花瓶砖雕保存完整。

汪泽民等宅

位于歙县徽城镇大梅口村，建于清代。坐南朝北，一进三开间二层建筑。通面阔5.5米，通进深7米，占地面积约38平方米。麻石门楼。

汪招顺宅

位于黟县碧阳镇赤岭村周村组，建于清代。坐东朝西，通面阔9.25米，通进深7.35米，占地面积68平方米。三开间有天井砖木结构二层建筑。木构架承重，房屋木构架较完整。

汪昭福宅

位于歙县深渡镇绵潭村燎原组，建于清代。坐北朝南，二进三开间二过厢二层建筑。通面阔9.6米，通进深12.8米，占地面积122.88平方米。上下对堂，天井下明堂右边为楼梯。有木雕梁柁。门楼挑檐，周边镶素面青砖。

汪兆丰宅

位于黟县宏村镇宏村，建于清代。坐西朝东，通面阔9.5米，通进深14米，占地面积179平方米，建筑面积253平方米。三开间二层建筑。

汪祯祥宅

位于黟县碧阳镇关麓村，建于清代。坐南朝北，通面阔10.3米，通进深9.3米，占地面积95.8平方米。三开间带二厢有天井砖木结构二层建筑。木构架承重，房屋整体保存完整，砖、木、石构配件制作较好。

汪振声宅

位于黟县宏村镇宏村，建于清代。坐北朝南，占地面积141平方米。正屋为三开间二层建筑。内设天井，木构架配件保存完整。

汪振庭宅

位于绩溪县瀛洲镇汪村173号，建于清代晚期。坐东朝西，占地面积131平方米。一进三开间二层建筑。硬山式屋顶，外砌封火墙，梁架和基础较好，抬梁穿斗并用式梁架，前檐部设一天井，撑拱承挑出檐。室内的木雕构件雕刻精美。

汪振永宅

位于绩溪县瀛洲镇周村44号，建于清代后期。坐南朝北，占地面积195平方米。二进前后天井二层建筑。硬山式屋顶，抬梁穿斗并用式梁架，三合土地坪，撑拱承挑出檐。室内的挂落、驼峰、雀替雕刻精美。

汪镇国、汪懋洲宅

位于屯溪区新潭镇长林村过塘坞自然村过里组，建于清代。占地面积123.83平方米。前进为三开间砖木结构二层建筑。明间大方砖斜铺地，隔断由竖砖砌成，楼城木板装修。有双重檐。后进为三开间二层建筑。天井下明堂用红紫石铺砌，照壁后设楼梯，楼上有天花板装修。

汪镇海宅

位于黟县渔亭镇团结村红联自然村，建于晚清。坐北朝南，通面阔8.25米，通进深8.5米，占地面积70.1平方米。三开间有天井二层建筑。为主屋的右偏厅。右侧门为入口，由主屋楼梯上楼。地面全由红料块石铺设。木构架、装修等保存较完整，构配件、隔扇门窗等制作较好。

汪铮芳宅

位于黟县碧阳镇星火村闾山组，建于清末。坐西朝东，通面阔9.2米，通进深8.35米，占地面积76.8平方米。三开间有天井砖木结构二层建筑。木构架承重，木构架、装修等较完整，构配件、隔扇、门楼等完好。

汪正根宅

位于祁门县历口镇彭龙村东来组，建于清代。坐北朝南，一进三开间二房带二厢砖木结构二层建筑。通面阔10米，通进深8.3米，占地面积83平方米。门罩简单，前设天井，屋内有木雕。青石、木板铺设地面。

汪正翰宅

位于祁门县历口镇彭龙村后山组。坐北朝南，一进三开间二房带二厢砖木结构二层建筑。通面阔10.4米，通进深9.2米，占地面积96平方米。砖雕门罩，前设天井，屋内木雕保存较好，厢房已改建。

汪正木宅

位于祁门县古溪乡黄龙村黄二组，建于清代。坐西朝东，一厅带四厢砖木结构二层建筑。通进深9米，通面阔10.5米，占地面积95平方米。前设天井，青石、木板铺设地面。

汪正棋宅

位于歙县深渡镇向丰村四新组，建于清代。坐北朝南，二厅二层建筑。通面阔9.8米，通进深10.9米，占地面积106.82平方米。后厅三开间二厢房。前厅后有楼梯。门楼挑檐，有『五女拜寿』图砖雕，周边镶青砖。

汪正善宅

位于祁门县历口镇彭龙村东来组，又名『返春堂』，建于清代。坐西朝东，现仅存一厅一后房砖木结构建筑。通面阔4米，通进深8.1米，占地面积32平方米。

汪正旺宅

位于绩溪县上庄镇余村14号，建于清末。坐北朝南，占地面积215平方米。上下对堂，二楼通转，东西厢房。室内的斜撑、雀替、隔扇雕刻精美。正房的对面是廊部，右侧为厨房，左侧为饭厅。有精美的砖雕门罩。

汪志斌宅

位于绩溪县临溪镇荦显村6号，建于清代晚期。坐北朝南，占地面积80平方米。一进三开间一天井二层建筑。三合土地坪，外围封火墙，室内的雀替、斜撑、隔扇均有精美的雕刻，2块窗栏板雕刻花鸟纹饰，整幢建筑保存完整，梁架和基础较好。

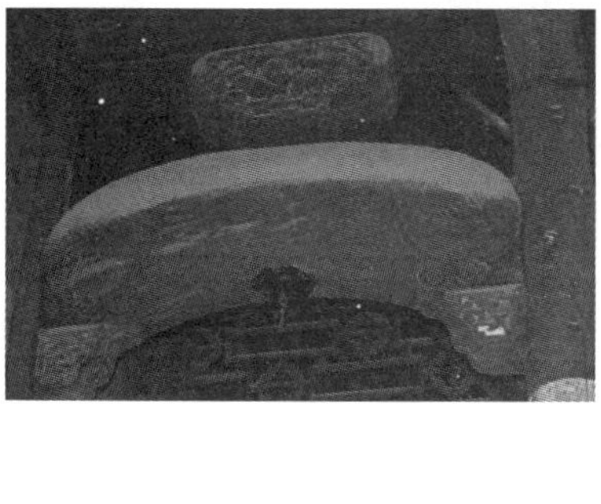

汪志成宅

位于歙县霞坑镇山后村柏坞里自然村，建于清代。坐西南朝东北，一进三开间。通面阔5.5米，通进深14.2米，占地面积78.1平方米。照壁后有房，前有小院，有少量砖木雕。

汪志仁宅

位于绩溪县长安镇坦头村，建于清代后期。坐东朝西，上下对堂，二楼通转，东西厢房，二楼矮窗装饰，抬梁穿斗并用式梁架，三合土地坪，外围封火墙，整栋建筑保存完整。

汪志生宅

位于歙县北岸镇白杨村新桥自然村，建于明末。坐南朝北，二进三开间。通面阔9.85米，通进深11.6米，占地面积114.26平方米。门楼无砖雕，内无木雕。

汪志章宅

位于绩溪县长安镇坦头村，建于清末。坐北朝南，占地面积232.2平方米。三进三开间。前进为厅屋，东西厢房，前有庭院，中进前檐置天井，东西厢房，二楼通转，后进为附属房，后檐墙置天井，三合土地坪，外围封火墙，室内狮撑、人物撑雕刻精美，整栋建筑保存完整。

汪治龙宅

位于祁门县芦溪乡芦溪村，建于清代。坐南朝北，前后厅式砖木结构二层建筑。通面阔10米，通进深9.5米，占地面积95平方米。前后厅均设天井，砖雕门罩。

汪中和宅

位于祁门县历口镇彭龙村坑上组，建于清代。坐北朝南，一进三开间砖木结构二层建筑。通面阔8.8米，通进深6.7米，占地面积56平方米。厢房已改建，砖雕门罩，前设天井，青石、木板铺设地面。

汪中水宅

位于歙县深渡镇向丰村四新组，建于清代。坐南朝北，通面阔4.5米，通进深9.9米，占地面积44.5平方米。前厅后房，厅后有楼梯，门楼有素墙画，小天窗。

汪中怡宅

位于歙县徽城镇斗山街26-1号，建于清末。坐西朝东，砖木结构二层建筑。通面阔19.84米，通进深10.48米，占地面积约208平方米。大门悬挑木门罩。上堂五开间，中为厅，左右两间为住房，窗栏饰以瓷屏画板。2006年被列为歙县重点文物保护单位。

汪忠明宅

位于歙县深渡镇绵潭村燎原组，建于清代。坐北朝南，通面阔4.9米，通进深7米，占地面积35平方米。前厅后房二层建筑。中间楼梯，门楼挑檐，有砖雕。

汪忠武宅

位于休宁县汪村镇回源村沅里组世德堂北侧，建于清代。坐东朝西，一进三开间。占地面积57平方米。结构较简单，未见雀替及斜撑雕刻，地面铺青石板，柱础方形，木隔扇窗饰方格，裙板雕『福』字及『寿』字。

汪忠贤宅

位于歙县徽城镇大梅口村，建于清代。坐北朝南，一进三开间砖木结构二层建筑。通面阔9.4米，通进深4.2米，占地面积约40平方米。麻石门楼，有砖雕。

汪仲琪等宅

位于歙县徽城镇金山村，建于清代。坐南朝北，二进三开间二天井。通面阔 12.5 米，通进深 10.5 米，占地面积 132 平方米。有格子窗和门楼。内部有雕刻。

汪珠花等宅

位于歙县徽城镇南源口村王村茂自然村 86 号，建于清代。坐北朝南，二进三开间一天井砖木结构二层建筑。通面阔 9.4 米，通进深 16.2 米，占地面积约 152.3 平方米。

汪翥故宅

位于歙县北岸镇瞻淇村，建于明末。坐北朝南，二进三开间。通面阔9.54米，通进深14.2米，占地面积135.47平方米。门楼为明式砖雕垂花门，天井下明堂设太平池，梁枋采用方木，桁条粗大。2006年被列为歙县重点文物保护单位。

汪子林、章建琪宅

位于歙县北岸镇呈村降村呈东自然村，建于清代。坐东朝西，二进三开间楼房。通面阔10.4米，通进深12.65米，占地面积131.56平方米。门楼有精美砖雕，内有少量简单木雕。

汪子龙宅

位于歙县徽城镇渔梁街，建于清代。坐北朝南，一进三开间砖木结构二层建筑。通面阔4.8米，通进深10.75米，占地面积约51.6平方米。破损严重。

汪自强宅

位于歙县郑村镇堨田村一组，建于清代。坐东南朝西北，二进三开间二层建筑。通面阔11.45米，通进深9.1米，占地面积104.2平方米。前有小院，屋内设天井，两边有廊，雕花屏门装隔，上下堂两边有厢房，厅堂青砖铺地。有梁撑。

汪祖成宅

位于休宁县商山镇双桥村，建于清代。坐北朝南，四合式布局。占地面积145平方米。门罩彩绘人物、祥云，有三步台阶，地面铺红麻石，柱础方形，雀替雕人物、花草，斜撑雕倒悬狮、人物、松树等，额枋饰花卉，裙板饰冰裂纹、花篮、花瓶等。

汪祖武宅

位于黟县碧阳镇关麓村潘村组，建于清末。坐南朝北，通面阔9.75米，通进深14.95米，占地面积145.8平方米，上厅下堂带二厢中天井砖木结构二层建筑。正前面为入口大门，内设屏风，照壁后上楼。木构架承重，木构配件及隔扇等制作较好。

汪祖召宅

位于祁门县历口镇彭龙村莫家组。坐北朝南，一进三开间砖木结构二层建筑。通面阔10米，通进深9.4米，占地面积94平方米。砖雕门罩，雕刻精美，前设天井，屋内斜撑、雀替等雕刻保存较好，青石、木板铺设地面。

汪佐养宅

位于祁门县历口镇彭龙村后山组，建于清代。坐南朝北，一进三开间砖木结构二层建筑。通面阔7.8米，通进深5.4米，占地面积42平方米。一厅二房，有院子，前设天井，屋内无精雕细作。

王爱和宅

位于黄山区仙源镇龙山村水关组，建于清代早期。占地面积168平方米。二进三开间，穿斗式，内部斜撑6个、月梁1副保存完好，4副窗和3副格子门已拆。水门汀地面已毁，天井下明堂平铺式。

王宝宝等宅

位于歙县徽城镇南源口村，建于明末。坐北朝南，二进三开间带天井砖木结构楼房。通面阔10.8米，通进深14.95米，占地面积161.5平方米。门楼有砖雕。内有冬瓜梁、格子窗。

王宝康宅

位于黟县宏村镇大同村万村组，建于清代。坐北朝南，通面阔9.3米，通进深7.3米，占地面积67.9平方米。三开间带二厢有天井二层建筑。右厢耳门通厨房，照壁后上楼。

王宝瑜宅

位于歙县王村镇王村上店自然村131号，建于清代。一进三开间砖木结构二层建筑。通面阔8.3米，通进深9米，占地面积74.7平方米。大门朝南，门口为水泥空地。砖石地面。

王必胜宅

位于绩溪县华阳镇秦家巷1号，建于清代后期。坐北朝南，占地面积185平方米。二进三开间。檐部设天井。进深四间。门楼上饰五飞砖门罩，砖雕完整，前进明间设拱轩顶，东西次间为厢房。室内的撑拱、雀替、驼峰均有精美的雕刻。

王毕成宅

位于祁门县历口镇历溪村二组，建于明代。坐西朝东，一进五开间四房带二厢砖木结构二层建筑。通面阔12.4米，通进深9米，占地面积112平方米。砖雕门罩，前设天井，屋内梁枋雕刻古朴，青石、木板铺设地面。

王昌建等宅

位于黄山区三口镇白果树村马路组，建于清代。二进三开间。占地面积162.98平方米，高约5.5米。前后『福』字影壁墙。木架结构穿斗式，斜方格纹水门汀地面，天井下明堂地沟式，板壁墙，天棚望砖。柱、梁多为白果木、松木质，板壁多为松木质。

王长根宅

位于歙县富堨镇富堨村桃园组，建于清代。坐东朝西，一进三开间二层建筑。通面阔10米，通进深8.5米，占地面积85平方米。

王长生宅

位于黄山区三口镇白果树村红光组，建于清代晚期。占地面积81平方米。一进三开间。室内主框架基本保存完好。天井下明堂和大门已改建，梁袱2个，无其他构配件。

王朝忠宅

位于黟县宏潭乡溪下村王家坦组，建于清代。坐北朝南，通面阔10.65米，通进深12米，占地面积127.8平方米。三开间前堂后厅有天井二层建筑。正前面为入口大门，照壁后上楼。木构架、装修等较完整，构配件、隔扇门窗制作较好。

王成林宅

位于歙县徽城镇南源口村，建于清末。坐北朝南，三进三开间二天井。通面阔4.6米，通进深20.95米，占地面积96.4平方米。有小冬瓜梁。后进有格子门窗。大门有简易砖雕门楼。

王传国等宅

位于休宁县万安镇万新村古城组，建于清代。占地面积205平方米。坐南朝北，共两进。一进呈四合式，上、下檐口有冬瓜梁承托，斜撑雕刻人物、倒挂狮、树木图案，雀替雕刻耕牛、花卉，木隔扇窗饰方格，裙板雕刻花卉、瑞兽及戏曲故事，均髹饰金粉。

王传和宅

位于黟县碧阳镇钟山村，建于清代。坐北朝南，通面阔10.7米，通进深19.6米，占地面积209.7平方米。二进三开间砖木结构二层建筑。雕刻较好。

王春九宅

位于黟县宏村镇大同村黄村口组，建于清代。坐北朝南，通面阔7.75米，通进深11.4米，占地面积88.3平方米。三开间前后厅中天井二层建筑。照壁后上楼，左厢耳门通厨房，右厢耳门通偏屋。

王春生宅

位于休宁县岭南乡三溪村，建于清代。占地面积75.11平方米。一进三开间。门罩砖雕以花卉为主，辅以人物、禽鸟、蝙蝠、狮子等。地面铺长白麻石板，柱础方形，雀替雕花卉，木隔扇窗饰方格，裙板雕花卉。偏厅门罩砖雕饰花卉、人物、骏马等。

王村后街449号宅

位于歙县王村镇王村后街，建于明代。坐南朝北，一进三开间砖木结构二层建筑。通面阔10.14米，通进深11.45米，占地面积106.1平方米。天井下明堂由长条石板组成，二楼有简易木雕，门楼有砖雕。

王德富宅

位于歙县徽城镇程家坞村，建于清代。坐北朝南，一进三开间砖木结构二层建筑。通面阔14.58米，通进深9.7米，占地面积141.4平方米。

王德华、江蔚龙宅

位于黟县碧阳镇郭门社区，建于清代。坐东北朝西南，通面阔9.8米，通进深7.85米，占地面积76.9平方米。三开间砖木结构二层建筑。彩绘天棚。2014年被列为黟县重点文物保护单位。

王德琪等宅

位于歙县坑口乡薛源村吟里自然村，建于清代。坐西北朝东南，主宅三开间四合式上下对堂二幢二层建筑。占地面积649.98平方米。砖木雕刻精美，有瓜梁、雀替、柱撑，敞亮雅致。左右两侧各有厢房3间。

王德顺宅

位于祁门县新安乡高塘村高二组79–80号，建于清末。坐东朝西，二进三开间前后厅式砖木结构二层建筑。通面阔15.3米，通进深16.4米，占地面积250.9平方米。前有院，院门上题『高槐留荫』字样，院侧有两层廊屋一间，砖雕门罩，无天井。

王定汉宅

位于绩溪县瀛洲镇汪村51号，建于清代后期。坐北朝南，占地面积102平方米。一进三开间二层建筑。前檐檐部设一天井，撑拱承挑出檐，抬梁穿斗并用式梁架，三合土地坪，外砌封火墙。梁架和基础较好，室内木雕构件雕刻精美。

王定山等宅

位于黄山区新丰乡盛洪村洪村自然村1组，建于清代。占地面积283平方米，高约6.7米。一进五开间。门向东，西侧为倚屋，木架结构穿斗式，斜方格纹水门汀地面，天井下明堂平铺式，直通式5间，板壁墙，天棚望砖。有斜撑2个。

王东爱宅

位于祁门县历口镇历溪村四组。坐西朝东，一进三开间前后厅式砖木结构二层建筑。通面阔8.6米，通进深7.8米，占地面积67平方米。无天井，无精雕细作，木板铺设地面。

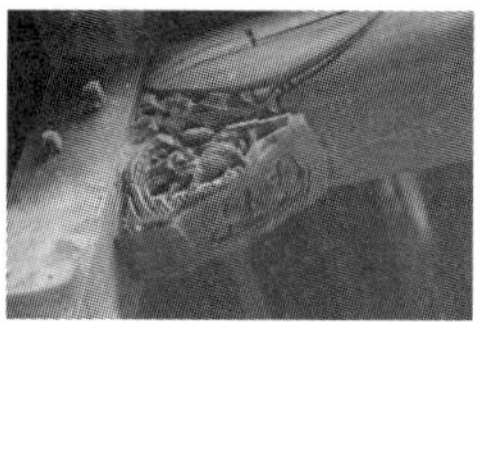

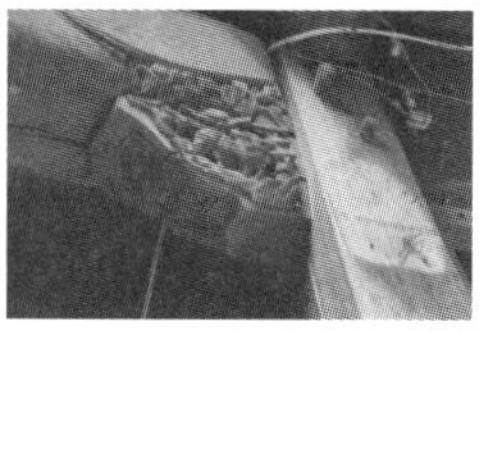

王冬九宅

位于休宁县蓝田镇西村，建于清代。坐东北朝西南，一进三开间。占地面积67.82平方米。大门倾斜，立柱及柱础均方形，雀替及月梁雕瑞兽、花卉，木隔扇窗饰方格，裙板雕人物。

王恩宝宅

位于歙县雄村镇柘林村十三组，建于清代。坐西朝东，一进三开间楼房，北侧附带一间偏房。通面阔12.55米，通进深8.5米，占地面积106.7平方米。内部有格子窗、格子门，两边有厢房。

王峰宝宅

位于歙县坑口乡阳坑村岭坑口组，建于清末。三开间坐西北朝东南，『品』字形砖木结构二层建筑。通面阔9.55米，通进深8.9米，占地面积79.21平方米。内部保存完好，无木雕，砖雕门楼完整。

王凤仙宅

位于歙县徽城镇南屏村王家淇自然村，建于清代。坐北朝南，一进三开间砖木结构二层建筑。通面阔9米，通进深8.9米，占地面积约80平方米。有小冬瓜梁和木雕。

王福海宅

位于黟县碧阳镇碧山村百户组，建于清代。坐北朝南，通面阔8.7米，通进深7.65米，占地面积66.6平方米。一进三开间二层建筑。楼梯设在东侧厢房内，明间有一硕大额梁，木构架部分有木撑支护。

王福田宅

位于歙县徽城镇南屏村王家淇自然村，建于清代。坐北朝南，二进三开间上下对堂带天井砖木结构二层建筑。通面阔9.4米，通进深10.2米，占地面积约95.9平方米。格子窗，地漏为铜钱形状，墙角有砖雕。

王辅邦宅

位于黄山区新丰乡新丰村14组，建于清代。门向西，一进五开间。占地面积228平方米，高约6.1米。木架结构穿斗式，斜方格纹水门汀地面，天井下明堂地沟式，天棚望板，西侧阁楼，西侧门窗有木雕。

王辅根等宅

位于黄山区新丰乡新丰村东北部，建于清代。占地面积238平方米。一进五开间，直通五间前天井。木架结构穿斗式，斜方格纹水门汀地面，天井下明堂地沟式，板壁墙，天棚望板，卷棚。有斜撑6个，屋顶有一块『周甲齐眉』匾额，字迹模糊，年代不详。

王辅合宅

位于黄山区新丰乡新丰村河塝自然村丰溪河南，建于清代。占地面积140.7平方米，高约5.7米。木架结构穿斗式，三合土地坪，天井下明堂地沟式，板壁墙，圆柱方梁，天棚望板，两厢二层阁楼。有斜撑8个。

王富强宅

位于黄山区新丰乡新丰村老街，建于清代。一进二开间二层店铺。占地面积100.74平方米，高约5米。木架结构穿斗式，斜方格纹水门汀地面，板壁墙，无天井。

王富荣等宅

位于黄山区新丰乡新丰村东北部，建于清代。门向西南，一进五开间，左厢一间已毁，残存四间。占地面积201平方米，高约6.7米。两侧边门，木架结构穿斗式，直通式5间，天井下明堂地沟式，斜方格纹水门汀地面，板壁墙，天棚望砖，卷棚，有斜撑5个。

王馥群宅

位于黟县碧阳镇星火村中光组，建于清代。坐北朝南，通面阔10.2米，通进深8.6米，占地面积87.7平方米。三开间有天井砖木结构二层建筑。木构架承重，木构架、装修较完整。

王根发宅

位于黟县碧阳镇古黄村黄村组，建于清末。坐西朝东，通面阔9.85米，通进深6.35米，占地面积64平方米。一进三开间二层建筑。天花板有彩绘。

王根开宅

位于休宁县溪口镇山培村，建于清代。坐北朝南，一进三开间。占地面积104.96平方米。大门开边墙。大门上檐绘彩绘图案。地面铺白麻石及青石，立柱方形，柱础方形，雀替雕刻花草、人物，斜撑雕刻倒悬狮。二楼栏板下檐雕刻『喜上眉梢』图案。木隔扇窗饰小方格。

王关维宅

位于歙县徽城镇就田村琅源自然村，建于清代。坐东朝西，一进三开间。通面阔15米，通进深6.8米，占地面积102平方米。青石门楼有砖雕，有小院。

王光富宅

位于黟县碧阳镇南屏村，建于清代。坐东朝西，通面阔8.3米，通进深6.25米，占地面积51.9平方米。三开间带二厢有天井二层建筑。隔扇门窗保存较好，砖雕门楼完整。

王贵密宅

位于绩溪县上庄镇旺川村68号，建于清代。坐北朝南，占地面积180平方米。面阔三间，进深六间。硬山式屋顶，外砌封火墙，抬梁穿斗并用式梁架，方砖地坪，上下相对，中设天井，撑拱承挑屋檐，檐部四向有裙板装置。二楼通转，斜撑、雀替雕刻非常精美。

王桂时宅

位于歙县坑口乡薛源村吟里自然村，建于清末。坐西北朝东南，三开间『品』字形砖木结构二层建筑。通面阔9.25米，通进深5.85米，占地面积54.13平方米。无砖雕、马头墙，装修有花槛窗，无窗衣。

王国春宅

位于祁门县新安乡高塘村高二组57号，建于清末。坐东朝西，一进三开间砖木结构二层建筑。通面阔（含余屋）14.5米，通进深7.2米，占地面积104.4平方米。砖雕门罩较简单，在余屋处设边门进出，正屋前设天井。

王国吾等宅

位于黄山区新丰乡新丰村东部，建于清代。一进三开间。占地面积118.62平方米，高约6.2米。木架结构穿斗式，斜方格纹水门汀地面，天井下明堂地沟式，板壁墙，圆柱方梁，天棚望板，卷棚月梁，月梁为双狮戏球，斜撑残存5个。

王国新等宅

位于黄山区仙源镇龙山村西门组，建于清代。占地面积126平方米。二进三开间。木架结构穿斗式。整体板架和木构件基本保存完好。水门汀地面，天井下明堂平铺式。内有月梁1对、斜撑4个。

王国英宅

位于歙县徽城镇新北街21号，建于清代。坐西朝东，三进三开间。通面阔7.7米，通进深22.4米，占地面积180平方米。木板结构，有天井、天窗。

王海清宅

位于歙县徽城镇就田村琅源自然村，建于清代。坐东朝西，二进三开间。通面阔8.6米，通进深10.8米，占地面积92平方米。上下堂，天井下明堂狭长，圆柱方墩，麻石青砖门楼，冬瓜梁，有斜撑。

王和平等宅

位于歙县徽城镇南屏村王家淇自然村，建于明代。坐北朝南，三进三开间二天井。通面阔8.6米，通进深19.8米，占地面积约170平方米。前进倒塌，有木雕。

王和平宅

位于黄山区耿城镇沟村解放组，建于晚清。二进三开间二天井。占地面积201.47平方米，高约6米。木架结构穿斗式，中柱直接到顶，水门汀地面，天井下明堂地沟式，前、后进有阁楼。后进残存斜撑3个。

王和平宅

位于徽州区潜口镇东山村产庆自然村，建于清代。坐东朝西，建筑面积155.12平方米。三开间上下对堂二层建筑。明间为厅，两次间为住房。楼上走马楼，楼上与楼下同样分割，屋面无望砖，檐口有望板。西庑门通向西边厨房。

王和生宅

位于黄山区仙源镇龙山村羊河组，建于清代。占地面积146平方米。二进三开间。木架结构穿斗式，整体框架基本保存完好，木构件基本保存完整，水门汀地面，天井下明堂平铺式。前、后进天棚望砖。有斜撑6个，月梁1对，梁袱4个，通风窗1块，格子窗1副。

王和生宅

位于黟县西递镇石印村跃进组，建于清末。坐北朝南，通面阔9.02米，通进深7.87米，占地面积84.3平方米。三开间带二厢有天井二层建筑。右前墙为大门，在右边间壁设楼梯上楼。天井下明堂铺青条石，房间木板铺地，木构架及木装修保存完好。

王荷娟宅

位于歙县徽城镇城东路，建于清代。坐北朝南，二进三开间二层建筑。通面阔9米，通进深16.8米，占地面积148平方米。上下对堂，梁撑木雕较为精美，横梁上有『福禄寿』木雕。

王黑铁宅

位于歙县坑口乡阳坑村四安自然村五组，建于清末。坐东北朝西南，通面阔9.6米，通进深21.3米，占地面积204.5平方米。砖木结构二层建筑。前主宅上下对堂，四合式。主宅后是三间靠壁天井包厢。水磨青砖，门楼上有图案砖雕。屏门隔断（两厢）。上下堂麻石板地面，中间天井下明堂部分石板地面。

王恒孚宅

位于绩溪县瀛洲镇汪村96号，建于清代晚期。坐北朝南，占地面积270平方米。分前、后两进，前、后天井，前进和后进做式相同，为二层建筑。硬山式屋顶，撑拱承挑出檐，抬梁穿斗并用式梁架，三合土地坪。挂落、狮撑等雕刻精美。梁架和基础较好。

王恒石宅

位于绩溪县瀛洲镇忠周村10号，建于清代晚期。坐东朝西，占地面积85平方米。一进三开间二层建筑。抬梁穿斗并用式梁架，前檐檐部设一天井，三合土地坪，另有一间附属房作为厨房使用，梁架和基础较好，室内雕刻精美。

王红桃等宅

位于黄山区谭家桥镇东黄山村西一组，建于清代。二进三开间半跑马楼式二层建筑。占地面积131.13平方米。前堂为不规则长方形，木架结构穿斗式，三合土地坪，天井下明堂地沟式，板壁墙，天棚望砖。有斜撑8个。

王宏松宅

位于黟县宏村镇屏山村，建于清末。坐西朝东，通面阔9.36米，通进深8.92米，占地面积83.5平方米。三开间带二厢厅堂式二层建筑。左厢侧耳门通外巷道，左夹室设门通厨房。木构配件及隔扇门窗等制作精美，保存较好。

王宏毅、王宏殷宅

位于歙县富堨镇富堨村赛风组，建于清代。坐西朝东，二进三开间二层建筑。通面阔8.9米，通进深11.3米，占地面积100.8平方米。下堂有厢房，梁上有雕花，天井下明堂两边屏门雕花装隔。

王洪富宅

位于黟县宏村镇龙江村上轴组，建于清代。坐北朝南，通面阔10.3米，通进深15.15米，占地面积156平方米。三开间前后厅二层建筑。正面大门，照壁后上楼。三合土地坪。木构架完整，砖、木、石构配件制作精致，门楼保存较好。

王怀白宅

位于黟县宏村镇汤蜀村柏川组，建于清代。坐西朝东，通面阔10.41米，通进深10.02米，占地面积106.1平方米。三开间带二厢有天井二层建筑。左厢侧耳门通厨房，照壁后上楼，大门朝前。三合土斜方格地面。

王辉明、王高宅

位于黟县宏村镇屏山村，建于清代。坐北朝南，通面阔10.69米，通进深14.7米，占地面积156.6平方米。二进三开间前后天井带二厢二层建筑。前右厢侧耳门通厨房，后左厢侧耳门通外巷道，右后厢内设楼梯上楼。

王徽茂宅

位于歙县徽城镇南屏村忠堡自然村，建于清代。坐北朝南，二进三开间一天井。通面阔10.7米，通进深14.6米，占地面积约156平方米。有格子门窗和木雕。

王惠芬二号宅

位于歙县徽城镇南屏村王家淇自然村，建于清代。坐北朝南，二进三开间带天井二层建筑。通面阔15.7米，通进深13.7米，占地面积约183平方米。有门楼、格子门窗，有小冬瓜梁。墙角有砖雕，前有院子。

王惠芬一号宅

位于歙县徽城镇南屏村，建于清代。坐北朝南，二进三开间上下堂带天井二层建筑。通面阔6.9米，通进深12.7米，占地面积约88平方米。有格子窗，外墙有图绘。

王惠民宅

位于祁门县箬坑乡栗木村，建于清代。坐南朝北，砖木结构二层建筑。通面阔9.6米，通进深6.7米，占地面积54平方米。结构较为简单，无天井，屋内隔扇、窗雕保存尚可。

王纪安宅

位于黟县碧阳镇星火村中光组，建于清代。坐北朝南，通面阔9.5米，通进深8.25米，占地面积78.4平方米。三开间有天井砖木结构二层建筑。木构架承重。

王纪洪宅

位于黟县碧阳镇星火村中光组，建于清代。坐北朝南，通面阔10.1米，通进深13.5米，占地面积136.4平方米。三开间前堂后厅带二厢有天井砖木结构二层建筑。木构架承重。木构架、装修等保存完整，构配件、隔扇门窗及门楼制作精致、完整。

王继发、何承泽宅

位于黟县碧阳镇星火村中光组，建于清代。坐北朝南，通面阔10.8米，通进深19.15米，占地面积207.9平方米。二进三开间带二厢前后厅有天井砖木结构二层建筑。木构架承重。木构架、装修等较完整，构配件、隔扇等较完整，门楼保存完好。

王继发宅

位于黟县宏村镇大同村万村组，建于清代。坐西朝东，通面阔9.15米，通进深7.5米，占地面积68.5平方米。三开间带二厢有天井二层建筑。大门朝前，左厢耳门通厨房。

王继发宅

位于黟县西递镇石印村跃进组，建于清代晚期。坐北朝南，通面阔11.86米，通进深8.04米，占地面积94.5平方米。三开间带二厢带天井二层建筑。左侧耳门通厨房，厨房为二层，照壁后上楼。三合土地坪，房间木板铺地，木构架及木装修保存完好。

王继久宅

位于黟县碧阳镇古黄村黄村组，建于清代。坐西北朝东南，通面阔9.55米，通进深7.15米，占地面积68.3平方米。三开间带二厢有天井二层建筑。隔扇门窗、横风窗等木构配件保存较完好，制作精致，砖雕门楼保护较好。

王继茂宅

位于歙县徽城镇就田村，建于清代。坐西朝东，一进三开间砖木结构二层建筑。通面阔9米，通进深6.3米，占地面积57平方米。有木雕和冬瓜梁。门楼砖雕被破坏。

王继生宅

位于歙县王村镇王村老街165号，建于清代。一进三开间砖木结构二层建筑。通面阔8.8米，通进深6.05米，占地面积53.24平方米。为店面房。大门临街。

王继业宅

位于绩溪县临溪镇周坑村91号，建于清代晚期。坐北朝南，占地面积100平方米。一进三开间二层建筑。东西厢房，置一天井，三合土地坪，外围封火墙，室内的斜撑、雀替、隔扇雕刻非常精美，大门开在东侧，有精美的砖雕门罩。

王加林宅

位于祁门县溶口乡严潭村24号，建于清末。坐北朝南，走马楼式砖木结构二层建筑。通面阔10米，通进深11米，占地面积110平方米。砖雕门罩，中设天井，大门内1米处设屏壁，原木雕隔扇已失。

王加雄宅

位于歙县溪头镇晔岔村，建于清代。通面阔7.9米，通进深19.75米，占地面积156平方米。门楼有精美砖雕。

王家大屋

位于祁门县祁山镇东街里63-2号、63-3号，为晚清商人王寿人兄弟故居。占地面积1000余平方米。大厅书悬『燕舍』匾额，故又称『燕舍』。由官厅、学屋厅、五间厅、花厅及花园等组成。2003年被列为祁门县重点文物保护单位。

王家大屋

位于歙县森村乡渔岸村，建于清道光年间。坐南朝北，前后两进。通面阔17.9米，通进深33.2米，占地面积595平方米。原占地面积3000余平方米，现仅王家大屋保存。

王家老屋

位于绩溪县瀛洲镇仁里村忠周自然村10号左侧，建于清代中期，汪村汪氏迁至忠周村后建立的祠堂。坐南朝北，占地面积99平方米。有前后两进，中置天井，歇山式屋顶，撑拱承挑出檐，抬梁式梁架，三合土地坪，梁架和基础较好，祠堂内的木雕构件撑拱、雀替雕刻精美。

王建龙宅

位于黄山区新丰乡新丰村3组，建于清代。一进三开间，占地面积133平方米，高约6.1米。牌坊式门楼，木架结构穿斗式，斜方格纹水门汀地面，板壁墙，天棚望板，无天井。

王建平、蒋章和宅

位于黟县宏村镇大同村黄村口组，建于清代。坐北朝南，通面阔9.4米，通进深11.55米，占地面积108.6平方米。三开间前后厅中天井带二厢二层建筑。左厢耳门通厨房。

王建平宅

位于黟县西递镇西递村，建于清同治年间。坐西北朝东南，主体通面阔11.1米，通进深9.7米，建筑面积154.1平方米，占地面积107.7平方米。三开间二层建筑。

王建清、王炳松宅

位于歙县北岸镇白杨村上村自然村，建于清代。坐南朝北，二进三开间。通面阔9.26米，通进深12.8米，占地面积118.4平方米。内有部分木雕，较精美。

王建荣宅

位于黟县碧阳镇星火村中光组，建于清代。坐北朝南，通面阔9.2米，通进深8.15米，占地面积75平方米。三开间有天井砖木结构二层建筑。木构架承重，木构架、装修等保存较完整。

王建荣宅

位于黟县西递镇西递村，建于清同治年间。坐北朝南，主体通面阔10.5米，通进深7.7米，建筑面积144.1平方米，占地面积128.1平方米。三开间二层建筑。

王建伟、王建利宅

位于黟县宏村镇大同村王家山组，建于清代。坐西朝东，通面阔9.85米，通进深6.22米，占地面积61.3平方米。三开间带二厢有天井二层建筑。右厢耳门通厨房，照壁后上楼。

王杰宅

位于黟县碧阳镇星火村上光组，建于清末。坐北朝南，通面阔9.3米，通进深7.85米，占地面积73平方米。三开间砖木结构二层建筑。木构架承重，木构架、装修等较完整，天花彩绘尚存。

王金凤宅

位于黟县碧阳镇古黄村古筑组，建于清末。坐西朝东，通面阔9.05米，通进深6.15米，占地面积55.7平方米。三开间砖木结构二层建筑。木构配件雕刻保存较好。

王金良等宅

位于歙县坑口乡薛源村吟里自然村，建于清末。坐东南朝西北，三开间砖木结构二层建筑。通面阔9.6米，通进深7.75米，占地面积74.4平方米。人字脊前檐挑檐，无砖木雕饰。

王金明宅

位于黄山区新丰乡丰溪村庄沃里自然村，建于清代。门向西，占地面积109平方米，高约6.3米。一进三开间。木架结构穿斗式，斜方格纹水门汀地面，天井下明堂平铺式，明堂两侧回廊，板壁墙，两厢阁楼，天棚望砖。

王金模宅

位于祁门县历口镇历溪村一组，建于清代。坐西朝东，一进三开间二房带二厢砖木结构二层建筑。通面阔10米，通进深9.4米，占地面积94平方米。前设天井，屋内月梁、斜撑、雀替、隔扇等雕刻精美，保存较好，青石、木板铺设地面。

王金平等宅

位于黟县碧阳镇钟山村，建于清代。坐北朝南，通面阔10.35米，通进深12.6米，占地面积130.4平方米。三开间带二厢上下厅中天井砖木结构二层建筑。隔扇门窗、横风窗、配件、门楼保存较好。

王金寿宅

位于黟县西递镇西递村，建于清同治年间。坐北朝南，主体通面阔 8.55 米，通进深 6.9 米，建筑面积 59 平方米。三开间二层建筑。

王金松宅

位于歙县雄村镇柘林倍村十三组，建于清代。坐西朝东，一进三开间。通面阔 9.3 米，通进深 5 米，占地面积 46.55 平方米。一楼门面为砖泥结构，二楼门面为木结构。有格子窗，两边有厢房。

王金秀宅

位于黟县碧阳镇星火村陈闾组，建于清末。坐西南朝东北，通面阔9.3米，通进深8.4米，占地面积78.1平方米。三开间有天井砖木结构二层建筑。木构架承重，木构架、装修等较完整，天花彩绘制作较好。

王金银、王宏安宅

位于黟县宏村镇大同村王家山组，建于清代。坐西朝东，通面阔10米，通进深7.18米，占地面积71.8平方米。三开间带二厢有天井二层建筑。右厢耳门通厨房，照壁后上楼。

王锦娟宅

位于祁门县新安乡高塘村高一组24号，建于清末。坐南朝北，二进三开间前后厅式砖木结构二层建筑。通面阔8米，通进深9.1米，占地面积73平方米。后进窄小，屋面正墙体曾修建，屋内月梁、花窗、雀替等雕刻精致并饰有彩绘，砖铺地面。

王进理宅

位于黟县宏村镇雉山村卢村组，建于清代。坐北朝南，通面阔10.3米，通进深13.28米，占地面积136.7平方米。三开间带二厢上下厅中天井二层建筑。大门朝前路，左厢侧耳门通厨房，右厢上楼。三合土斜方格地面，木构配件及隔扇、砖门楼制作较好。

王进生宅

位于黟县西递镇西递村，建于清代。坐东北朝西南，通面阔 9.75 米，通进深 7.55 米，占地面积 73.6 平方米，建筑面积 103.4 平方米。三开间二层建筑。

王静平宅

位于黟县碧阳镇南屏村，建于清末。坐南朝北，通面阔 9.4 米，通进深 7.6 米，占地面积 71.4 平方米。一进三开间一天井二层建筑。门楼基本保存完好，天花板彩绘清晰。

王钜文宅

位于歙县徽城镇南屏村王家淇自然村，建于清代。坐北朝南，二进二天井。通面阔21米，通进深12.6米，占地面积266平方米。有冬瓜梁，木雕门窗。

王钜文宅

位于歙县徽城镇南屏村，建于清末。坐北朝南，一进三开间。通面阔4.2米，通进深5.2米，占地面积约22平方米。

王珏等宅

位于黄山区新丰乡新丰老街北部，建于清代。占地面积263平方米。门向东，由3个单体店面组成，王珏宅部分为二进三开间，前进为店面。查全禄宅为2个店面，由北至南分别为二进一开间、二进二开间。木架结构穿斗式，『八』字门，水门汀地面，板壁墙，跑马楼式，天井下明堂方形平铺式。

王钧珲宅

位于歙县坑口乡薛源村吟里自然村，建于清末。坐西北朝东南，四合式上下对堂砖木结构二层建筑。门楼简朴，照壁门及上下堂前檐装有梁、隔扇、门窗、窗衣，楼上有大方格窗。无雀替、柱撑。鼓形柱础，楼上前檐有丁头拱。

王康纯、王秀峰宅

位于歙县徽城镇南屏村王家淇自然村，建于清代。坐北朝南，一进三开间砖木结构二层建筑。通面阔7.15米，通进深6.4米，占地面积约46平方米。圆柱圆墩，门楼砖雕为人物、动物图案，刻画精美，外墙壁上有山水图绘，格子窗。

王康年宅

位于黟县碧阳镇南屏村，建于清代。坐东朝西，通面阔9米，通进深6.55米，占地面积59平方米。原二进三开间带二厢砖木结构二层建筑。木构架承重。

王兰英宅

位于黄山区甘棠镇甘棠老街路北，建于清代。二进三开间带天井。占地面积103.53平方米，高约6米。木架结构穿斗式，硬山式屋顶，水门汀地面，天井下明堂地沟式，青泥花砖墙，天棚望砖，原有斜撑8个，现残存4个。

王立茂宅

位于黟县西递镇石印村前进组，建于清末。坐西北朝东南，通面阔8.96米，通进深9.6米，占地面积86平方米。三开间前后厅带二厢有天井二层建筑。右厢耳门通室外，后厅左侧耳门通厨房，照壁后上楼。

王立宅

位于休宁县鹤城乡左右龙村左龙自然村，建于清代。坐西朝东，一进三开间。占地面积90.25平方米。结构简单，立柱及柱础方形，雀替雕花卉图案。

王丽华宅

位于绩溪县华阳镇水圳塝下29号，建于清代。坐东北朝西南，占地面积210平方米。上下对堂，前堂为『人』字轩顶，后堂为厅式建筑，东西厢房，中间置一天井，外围封火墙，室内的斜撑、雀替均有精美的雕刻，西侧为附属房和厨房。

王莲转宅

位于黟县碧阳镇钟山村田二组，建于清末。坐北朝南，通面阔9.5米，通进深7.35米，占地面积69.8平方米。三开间砖木结构二层建筑。

王林木宅

位于黄山区永丰乡永丰村耕乐组东北部，建于清代。一进五开间，直通五开间到天井下明堂。占地面积193.7平方米，高约7.1米。木架结构穿斗式，斜方格纹水门汀地面，天井下明堂地沟式，板壁墙，圆柱方梁，天棚望板，卷棚月梁。木雕刻多描金。

王留生宅

位于歙县王村镇王村后街457号，建于清代。二进三开间砖木结构二层建筑。通面阔9.9米，通进深11.93米，占地面积118.11平方米。大门朝西。

王六斤宅

位于黄山区新丰乡新丰老街东部，建于清代。占地面积97.43平方米，高约5.7米。木架结构穿斗式，斜方格纹水门汀地面，天井下明堂地沟式，板壁墙，两厢阁楼，天棚望砖，装饰不多。

王六五后宅

位于歙县王村镇王村上店自然村30号，建于清代。一进二开间木板结构二层建筑。通面阔6.05米，通进深9.95米，占地面积60.17平方米。与前宅相连。泥地，石板天井。

王六五前宅

位于歙县王村镇王村上店自然村30号，建于清代。二进一开间砖木结构二层店面。南面临街，呈梯形，南墙5.4米，有8扇木板门，北墙7.1米。进深9.85米，占地面积61.56平方米。后进天井设楼梯。

王满凤等宅

位于歙县北岸镇五渡村，建于清代。坐北朝南，二进三开间。通面阔8.2米，通进深16.65米，占地面积136.52平方米。门楼有少量砖雕，内有少量木雕。

王茂娣宅

位于歙县雄村镇朱村一组，建于清代。坐东朝西，一进三开间一天井。通面阔9.8米，通进深9米，占地面积88.2平方米。两边有厢房，厢房内有雕花木床一张，有门楼。外墙水泥风化，有方形石础、方形斜撑。二楼有格子窗、冬瓜梁。

王茂松等宅

位于黄山区谭家桥镇东黄山村西一组，建于晚清。二进三开间二天井（后墙一天井）跑马楼式二层建筑。占地面积192.15平方米，高约6.5米。木架结构穿斗式，『八』字门，水门汀地面，天井下明堂地沟式，板壁墙，封檐望板。

王茂荫旧居

位于歙县雄村镇义成村，建于清代。占地面积300平方米。三进三开间二层建筑。王茂荫（1798~1865），清道光年间进士，曾任户部右侍郎兼管钱法堂事务等职。咸丰元年（1851）上《条议钞法折》，提出发行可兑现银钞。马克思在《资本论》中曾对其货币思想给予赞赏。祖居歙县杞梓里村，住宅在太平天国时毁于兵燹。告老后，在义成村买此住宅定居。2017年被列为黄山市重点文物保护单位。

王美仙宅

位于歙县坑口乡薛源村吟里自然村，建于清末。坐西南朝东北，三开间『品』字形砖木结构二层建筑。通面阔9.4米，通进深8.45米，占地面积70.03平方米。有马头墙，砖雕门楼简朴，槛窗、窗衣有木雕。

王美英宅

位于歙县徽城镇就田村，建于清代。坐北朝南，二进三开间一天井二层建筑。通面阔9.2米，通进深13.25米，占地面积122平方米。有门楼，有木雕。

王民政宅

位于祁门县历口镇历溪村三组，建于清代。坐西朝东，一进五开间砖木结构二层建筑。通面阔14米，通进深7.5米，占地面积105平方米。前设天井(已改)，无精雕细作。

王敏华宅

位于歙县坑口乡薛源村吟里自然村，建于清末。坐西北朝东南，三开间"品"字形砖木结构二层建筑。通面阔8.81米，通进深5.86米，占地面积51.63平方米。马头墙，前檐楼上外挑出沿，装有花槛、窗衣。砖雕精美。

王敏宅

位于黟县碧阳镇星火村中光组，建于清代。坐北朝南，通面阔10.1米，通进深9.15米，占地面积93.4平方米。原为二进，现为前进三开间带二厢有天井砖木结构二层建筑。木构架承重，木构架、装修等较完整，构配件、隔扇等制作较好，天花彩绘依存，门楼完好。

王年富宅

位于休宁县万安镇轮车村上轮车组近万安老街西入口处，建于清代。坐东南朝西北，共两进。占地面积160.72平方米。门罩砖雕花卉、狮子图案。一进结构简单，方形柱础，地面铺设红长条石；二进雀替、斜撑雕刻草龙、花卉、人物图案。

王培基、王培强宅

位于黟县宏村镇大同村上双千组，建于清代。坐西朝东，通面阔8.45米，通进深11.7米，占地面积98.9平方米。三开间上下厅带厢廊中天井二层建筑。大门朝前，右厢耳门通厨房，照壁后上楼。

王培森宅

位于黟县碧阳镇碧山村石门组，建于清代。坐西北朝东南，通面阔9.6米，通进深8.85米，占地面积85.0平方米。三开间带二厢有天井二层建筑。隔扇门窗、横风窗、砖雕门楼和楼行栏杆保存较完好。

王培彦宅

位于祁门县历口镇历溪村三组，建于清代。坐西朝东，一进三开间二房带二厢砖木结构二层建筑。通面阔11.2米，通进深10.2米，占地面积114平方米。砖制门罩，前设天井（已改修），屋内斜撑、雀替等雕刻保存尚好。

王佩霞宅

位于黟县碧阳镇碧山村碧东组，建于清末。坐北朝南，通面阔9.4米，通进深8.7米，占地面积81.8平方米。一进三开间一天井二层建筑。大门砖雕门楼保护较完好，木构架基本完好。

王齐俭宅

位于歙县坑口乡阳坑村四安四组，建于清代。坐西北朝东南，通面阔11.9米，通进深12.75米，占地面积152.72平方米。四合式砖木结构二层建筑。木架结构穿斗式。主宅左厢原有3间靠壁天井厢房，有瓜梁将进门倒厅与下堂左右厢房连接，槛门古朴大方。门楼无砖雕，据说是修前墙时拆除。

王其垣宅

位于歙县雄村镇浦口村一组，建于清代。坐北朝南，二进三开间一天井。通面阔9.4米，通进深13.5米，占地面积127平方米。大门口有门楼，有砖雕，里面有格子窗，有简易斜撑、雀替，有方形、圆形石础。

王旗昌宅

位于休宁县万安镇上黄村，建于清代。坐北朝南，占地面积59平方米。大门开在中轴线上。梁架穿斗式，柱础八瓣莲花状；雀替雕刻土龙，斜撑雕刻倒悬狮；木隔扇窗饰方格，裙板雕『卍』字格。

王麒麟宅

位于黄山区新丰乡丰溪村庄沃里自然村，建于清代。大门向北，占地面积195.8平方米，高约6.3米。一进五开间。木架结构穿斗式，斜方格纹水门汀地面，天井下明堂平铺式，直通5间，板壁墙，圆柱方梁，天棚望砖。有斜撑5个。

王启云宅

位于休宁县海阳镇齐宁社区百客厅巷15号，建于清代。坐东朝西，四合式布局。占地面积115.23平方米。青石门洞，门楼雕刻包袱锦及变形『卍』字，地面铺红砂石板，柱础方形，雀替雕土龙、如意，斜撑雕卷龙，额枋饰变形『寿』字。

王强春宅

位于祁门县历口镇历溪村二组，又名『忠义堂』，建于清代。坐西朝东，一进三开间二房带二厢砖木结构二层建筑。通面阔8.8米，通进深8.7米，占地面积77平方米。砖制里外门罩，前设天井，屋内月梁、斜撑等雕刻精美，保存完整。

王巧宣宅

位于黄山区焦村镇郭村卫星组，建于清代。大门向南，一进三开间。占地面积118.63平方米，高约7.2米。天井下明堂木架结构穿斗式，斜方格纹水门汀地面，天井下明堂地沟式，板壁墙，天棚望板，卷棚月梁，月梁纹为花卉，斜撑残存1个。

王巧英宅

位于黟县西递镇西递村，建于清光绪年间。坐西北朝东南，建筑面积121.6平方米，占地面积100.6平方米。三开间二层建筑。

王庆阳宅

位于祁门县历口镇历溪村四组。坐西朝东，三开间走马楼式四房带二厢砖木结构建筑。通面阔9.4米，通进深11.7米，占地面积110平方米。砖制门罩，中设天井，屋内月梁、隔扇等雕刻保存较好，青石、木板铺设地面。

王庆祝宅

位于祁门县历口镇历溪村一组，建于清代。坐西朝东，一进三开间二房带二厢砖木结构二层建筑。通面阔9.8米，通进深8.7米，占地面积85平方米。前设天井，无精雕细作，青石、木板铺设地面。

王泉源宅

位于黟县碧阳镇古黄村古筑组，建于清代。坐北朝南，通面阔9.25米，通进深7.3米，占地面积67.5平方米。三开间带二厢有天井砖木结构二层建筑。

王日成宅

位于祁门县历口镇历溪村二组，建于清代。坐西朝东，一进三开间砖木结构二层建筑。通面阔9.6米，通进深7.5米，占地面积72平方米。砖制门罩，大门朝北开，前设天井，青石、木板铺设地面，屋内无精雕细作，漏烂严重。

王荣清宅

位于黟县西递镇源川村湖川组，建于清末。坐西朝东偏南，通面阔9.02米，通进深11.85米，占地面积106.8平方米。三开间前厅后厨带二厢二层建筑。厨房内上楼。三合土地坪，房间木地板。木构架及配件保存较好，窗罩雕制精美。

王荣善宅

位于歙县坑口乡阳坑村四安四组，建于清初。坐西北朝东南，砖木结构。倒挂吊式门楼，砖雕朴实。门楼上用木椽起翘盖瓦。阶檐下倒厅内向，单披盖瓦。上堂有冬瓜梁。楼檐方格窗。

王荣生宅

位于黄山区新丰乡新丰村悦冲组，建于清代。坐北朝南，二进五开间。占地面积175平方米，高约7米。木架结构穿斗式，斜方格纹水门汀地面，天井下明堂地沟式，内墙为青花砖墙与板壁墙组合，卷棚望板，后天井墙基处条石为青石，花卉浮雕，有斜撑6个。

王瑞和宅

位于黟县碧阳镇南屏村，建于清代。坐东朝西，通面阔8.85米，通进深7.2米，占地面积63.7平方米。三开间带二厢有天井二层建筑。

王瑞华宅

位于黟县西递镇石印村前进组，建于清末。坐西朝东，通面阔9.97米，通进深12.81米，占地面积127.7平方米。前后进三开间带二厢二层建筑。前左厢耳门通厨房，天井下明堂两侧为厢廊，过明堂为厅堂，厅堂两侧为房间，照壁后设楼梯。隔扇、窗罩等雕刻精致。

王瑞生等宅

位于歙县坑口乡薛源村吟外自然村，建于清末。坐东北朝西南，砖木结构二层建筑。通面阔9.55米，通进深6.6米，占地面积36.63平方米。三间挑楼，无马头墙，无砖木雕，简朴无华。

王润红宅

位于黟县宏村镇塔川村考桥组，建于清代。坐东朝西，通面阔8.65米，通进深6.8米，占地面积58.8平方米。房屋整体较完整，内构简单，门楼制作较好，保存完整。

王三九宅

位于黟县西递镇源川村田干组，建于清末。坐西朝东，通面阔9.95米，通进深7.85米，占地面积78.1平方米。三开间带二厢有天井砖木结构二层建筑。左厢侧耳门通厨房。

王沙石宅

位于黟县宏村镇屏山村，建于清代。坐北朝南，通面阔9.84米，通进深22.76米，占地面积209.6平方米。三开间带二厢上下厅砖木结构二层建筑。后檐墙门通厨房，木构配件、隔扇门窗制作精致，保存较好。

王善达宅

位于祁门县箬坑乡栗木村，建于清代。坐西朝东，砖木结构二层建筑。通面阔9米，通进深8.1米，占地面积72.9平方米。前设天井，屋内厅堂、厢房木板铺地，斜撑、月梁、隔扇木雕保存尚好。

王上贵宅

位于歙县徽城镇七川村，建于清代。坐北朝南，二进三开间带天井楼房。通面阔8.24米，通进深14.3米，占地面积118平方米。部分倒塌。

王绍成宅

位于祁门县历口镇历溪村一组，建于清代。坐西朝东，一进三开间二房带二厢砖木结构二层建筑。通面阔11米，通进深9.6米，占地面积106平方米。前有院，砖制门罩，前设天井，屋内月梁、斜撑、雀替、隔扇等雕刻精美，青石、木板铺设地面。

王社根宅

位于歙县徽城镇就田村，建于清代。坐北朝南，一进三开间一天井砖木结构二层建筑。通面阔 8.2 米，通进深 7.4 米，占地面积 61 平方米。有冬瓜梁。

王社明宅

位于歙县雄村镇航步头村，建于清代。坐南朝北，一进三开间二层建筑。通面阔 8.25 米，通进深 5.7 米，占地面积 47 平方米。有石础，有格子窗。结构简单。

王诗文宅

位于祁门县箬坑乡栗木村，建于清代。坐北朝南，砖木结构二层建筑。通面阔9.6米，通进深8.4米，占地面积81平方米。内设天井，砖雕门罩，隔扇、花窗、月梁、斜撑等雕刻保存较好。

王石荀宅

位于歙县坑口乡阳坑村中塝自然村，建于清代。坐西北朝东南，通面阔10.05米，通进深14.1米，占地面积171.7平方米。四合式上下对堂砖木结构二层建筑。砖木雕刻精美，花槛窗衣。楼檐无槛门。天花板上有2块编织成精美图案的大竹篱。凹角方柱础。门前带三级阶梯，牌坊式门楼，门楼上用木椽盖瓦。

王时雪等宅

位于黄山区新明乡新明村小块组，建于清代。二进三开间。占地面积112.4平方米，高约6.2米。木架结构穿斗式，斜方格纹水门汀地面，天井下明堂平铺式，板壁墙，天棚望板，西厢阁楼，有斜撑7个。

王士来等宅

位于黄山区新丰乡新丰村东南部，建于清代。占地面积199.8平方米，高5.5米。木架结构穿斗式，斜方格纹水门汀地面，天井下明堂地沟式，板壁墙，天棚望砖。

王士林宅

位于黄山区新丰乡新丰村东侧公路南，建于清代。坐南朝北，占地面积163平方米，高约6.9米。木架结构穿斗式，斜方格纹水门汀地面，天井下明堂平铺式，板壁墙，天棚望板。二楼为跑马楼式。

王士禄宅

位于黄山区新丰乡丰溪村横杠自然村，建于清代。门向东，占地面积125平方米，高约7.2米。一进三开间。木架结构穿斗式，斜方格纹水门汀地面，天井下明堂地沟式，两侧回廊，板壁墙，圆柱方梁，天棚望板。卷棚月梁。有斜撑6个。

王氏故宅

位于歙县徽城镇大北街100号，建于清代。坐东南朝西北，三进三开间楼房。通面阔8.85米，通进深24.35米，占地面积215.5平方米。后进已倒，大门有门楼，门楼有砖雕，内部有木雕，水磨砖地面。2012年被列为安徽省重点文物保护单位。

王书林宅

位于黟县西递镇石印村前进组，建于清末。坐西朝东，大门向北，通面阔10.22米，通进深21.9米，占地面积148.5平方米。前、中进为统开间5米左右，以巷道延伸至后进。后进为三开间带二厢有天井二层建筑。房屋依次布置为前天井、前厅、中天井、中厅、厨房、后天井、后厅、后厅，照壁后上楼，中厅左侧加设一通道通向室外。

王淑娟等宅

位于歙县徽城镇就田村，建于清代。坐北朝南，一进三开间砖木结构二层建筑。通面阔8.5米，通进深6.3米，占地面积53.55平方米。部分倒塌。大门有简易门楼。

王树德宅

位于祁门县历口镇历溪村二组。坐西朝东，一进三开间二房带二厢砖木结构二层建筑。通面阔9米，通进深9.9米，占地面积89平方米。砖制门罩，前设天井，屋内月梁、雀替等雕刻保存较好，青石、木板铺设地面。

王顺进宅

位于歙县森村乡渔岸村，建于清光绪年间。坐东朝西，一进三开间。通面阔8.8米，通进深9.6米，占地面积84.5平方米。左为厢房，右为天井，上下两层，内设简单，门前有砖雕，内有简易木雕，圆柱方梁。

王顺利宅

位于歙县坑口乡薛源村吟里自然村，建于清末。坐东南朝西北，五开间靠壁天井砖木结构二层建筑。通面阔6.91米，通进深13.6米，占地面积76.84平方米。装有槛窗、隔扇。右边厢开门。门楼简朴，砖雕被毁坏。

王顺民宅

位于黟县宏村镇龙江村林村组，建于清末。坐东北朝西南，通面阔9.45米，通进深14.2米，占地面积106.8平方米。三开间带后偏厅二层建筑。正面大门为入口，后檐墙门通后偏厅，照壁后上楼。木构架、装修整体较完整。

王顺平宅

位于黟县西递镇西递村，建于清光绪年间。坐北朝南，主体通面阔8.6米，通进深7.65米，建筑面积65.8平方米。三开间二层建筑。

王四七宅

位于休宁县鹤城乡左右龙村左龙自然村，建于清代。坐西朝东，一进三开间。占地面积70.38平方米。立柱有圆形及方形，柱础方形，雀替雕草龙、云纹，楼板斜撑雕花卉、回纹。裙板雕花卉。

王四三宅

位于歙县徽城镇就田村，建于清末。坐南朝北，一进三开间砖木结构二层建筑。通面阔7.25米，通进深5.9米，占地面积40.6平方米。门楼有砖雕，部分砖雕被破坏。

王四友等宅

位于黄山区甘棠镇天都路与凤凰路交叉处北，建于清代。二进三开间带天井。占地面积约237.1平方米，高约6米。硬山式屋顶，木架结构穿斗式，水门汀地面，天井下明堂半地沟式，天棚望砖，后进中柱直接到顶。斜撑残存2个。

王松柏宅

位于歙县坑口乡薛源村吟里自然村，建于清末。坐西北朝东南，四合式上下对堂砖木结构二层建筑。通面阔9.1米，通进深12.7米，占地面积115.57平方米。倒挂吊式门楼，雕刻古朴、精美。墙头装雀尾，上下堂前檐照壁门装有冬瓜梁。大门有木雕套门。

王松鹤等宅

位于歙县徽城镇南屏村王家淇自然村，建于清代。坐北朝南，二进三开间上下对堂有天井砖木结构二层建筑。通面阔9.4米，通进深10.2米，占地面积约96平方米。格子窗，铜钱形状地漏，墙角有砖雕。

王松林宅

位于黟县碧阳镇钟山村芦花组，建于清末。坐南朝北，通面阔10.6米，通进深9米，占地面积95平方米。三开间砖木结构二层建筑。木雕精致。

王松洲宅

位于休宁县板桥乡板桥村杨林湾自然村，建于清代。坐东朝西，一进三开间。占地面积62.66平方米。门罩无砖雕，天井下明堂铺青石板，柱础方形，雀替雕回纹，斜撑雕人物，二楼栏板外檐雕刻人物、花草。

王素媚宅

位于绩溪县瀛洲镇汪村123号，建于清代晚期。坐北朝南，占地面积165平方米。一进三开间二层建筑。前檐檐部设一天井，撑拱承挑出檐，三合土地坪，外砌封火墙，梁架和基础较好，室内雕刻精美。

王天全等宅

位于歙县徽城镇就田村，建于清代。坐北朝南，一进三开间带天井砖木结构二层建筑。通面阔9米，通进深20.15米，占地面积181.35平方米。门楼有漏窗。

王为民宅

位于徽州区潜口镇坤沙村一组，建于清代。坐西朝东，建筑面积124.25平方米。三开间二对堂二层建筑。进门为前廊明间，两次间为住房，上堂为3间显厅。楼上走马楼，全部木板装修，坎上一圈隔扇门，屋面有望砖。

王维铭宅

位于歙县富堨镇富堨村王川组，建于清代。坐北朝南，一进三开间二层建筑。通面阔10.5米，通进深8.35米，占地面积87.7平方米。有简易门楼。

王卫国、张岳祥宅

位于歙县坑口乡阳坑村岭坑口自然村，建于清代。坐北朝南，一进三开间。通面阔8.75米，通进深5.4米，占地面积约47.25平方米。明代风格，雕花门楼，装有瓜梁、驼峰、柱撑。原为献厅式，中有献柱1对，现已改装成3间，献柱两边装有2个小房间。

王慰民宅

位于休宁县商山镇瑶溪村098号，建于清代。坐东北朝西南，一进三开间。占地面积108.2平方米。门罩砖雕饰土龙、八宝、花卉及变形『寿』字，屏风门饰梅花、荷花、菊花、桃花图案，斜撑雕龙首，地面铺白麻石，柱础方形，大梁亦方形。

王文海宅

位于歙县徽城镇就田村，建于清代。坐南朝北，一进三开间砖木结构二层建筑。通面阔7.55米，通进深5.15米，占地面积39平方米。有木雕，有门楼。

王文胜宅

位于黟县西递镇西递村，建于清代。坐北朝南，通面阔9米，通进深7.4米，占地面积66.6平方米。三开间二层建筑。有附属建筑院落、厨房、门楼等。

王文仙宅

位于歙县徽城镇渔梁街45号，建于清末。三进二开间砖木结构二层建筑。通面阔4.6米，通进深14米，占地面积64平方米。后进大门有天井，地面仍铺原始地砖。

王文元宅

位于黟县碧阳镇柏山村中历组，建于清代。坐西北朝东南，通面阔9.9米，通进深9.2米，占地面积91.1平方米。三开间带二厢有天井砖木结构二层建筑。

王熙国宅

位于绩溪县瀛洲镇汪村66号，建于清代后期。坐北朝南，占地面积175平方米。由庭院、正厅和附属房三部分组成。正厅为一进三开间二层建筑，上下对堂，二楼通转，中设一天井，三合土地坪，外砌封火墙。附属房分为三部分，前后两间作为厨房使用，中间的部分设一小天井。

王熙敬宅

位于休宁县海阳镇川湖村外滩自然村，建于清代。坐北朝南，大门开在边上，共两进，前进为三开间，二进为四合式结构。占地面积206平方米。门楼砖雕花卉图案，内部雀替、斜撑雕刻花草、倒挂狮。柱础为红砂岩方形，木柱材质以白果木为主，窗雕刻冰裂纹及小方格纹，窗棂、窗板均雕刻花草，地袱石雕刻花草。

王显庆宅

位于黟县碧阳镇南屏村，建于清末。坐东朝西，通进深10.8米，通面阔16.65米，占地面积179.8平方米。三开间上下厅中天井砖木结构二层建筑。木构架承重，木构架及装修制作较好。

王香彩宅

位于歙县雄村镇山下村朱坦组65号，建于清代。坐西朝东，二进三开间三层建筑。通面阔10.3米，通进深13.2米，占地面积135.96平方米。正门和南门有门楼，多有砖雕。有石鼓，有木雕格子窗。二楼楼厅有格子木雕花板。有方石础。

王祥瑞宅

位于黟县西递镇石印村前进组，建于清代中晚期。坐西朝东，大门偏南，通面阔9.6米，通进深10.31米，占地面积98.7平方米。三开间带二厢二层建筑。后檐墙设门进厨房，厨房带阁楼。

王小宝等宅

位于歙县坑口乡阳坑村四安自然村五组，建于清末。坐西朝东，通面阔9.53米，通进深9.53米，占地面积90.82平方米。砖木结构二层建筑。三间靠壁天井，单披檐走廊，左厢前开大门。走廊柱上有木雕柱撑。

王小闵宅

位于歙县坑口乡阳坑村四安自然村，建于清代中期。坐西北朝东南，三开间『品』字形砖木结构二层建筑。封闭式，暗天井。楼上大方格窗门（上堂及两厢）。楼下槛门隔扇大部分被毁坏。离大门7米处有影壁一座。转步柱外暗天井部分铺青石板，柱内中堂泥土地面。左厢房设双节楼梯。

王小平宅

位于祁门县箬坑乡栗木村，建于清代。坐北朝南，砖木结构二层建筑。通面阔8.5米，通进深7.9米，占地面积67平方米。砖雕六罩，前设天井。

王小衍宅

位于黄山区谭家桥镇东黄山村西一组，建于清代。二进三开间。占地面积98.56平方米，高约5.5米。木架结构穿斗式，半跑马楼式，三合土地坪，天井下明堂地沟式，板壁墙，天棚望砖，中柱直接到顶。有斜撑8个。

王笑霞宅

位于歙县溪头镇畔岔村，建于清代。坐北朝南，二进三开间。通面阔13.95米，通进深16.2米，占地面积226平方米。旁有侧门，内窗为格子门，现保存完好，大门有砖雕门楼。

王燮元宅

位于黟县西递镇西递村，建于清代早期。坐北朝南，通面阔9.2米，通进深10.8米，建筑面积193.2平方米，占地面积138平方米。四合式二层建筑。

王新弟宅

位于休宁县鹤城乡新安源村茶源山自然村，建于清代。坐西朝东，一进三开间。占地面积65平方米。结构较简单，地面铺青石板，立柱及柱础方形，雀替雕花卉，木隔扇窗饰方格、花卉。

王新鹏等宅

位于黄山区甘棠镇大桥村赵二组，建于清末。庭院式民居，占地面积379.35平方米，高约7米。三进五开间二天井，分前、中、后堂，木架结构穿斗式。水门汀地面，卷棚望砖。前院有两院门，宅前有一宽2米的石板（花岗岩）小路过院门直通院外的机耕路。

王新生宅

位于歙县森村乡渔岸村，建于清道光年间。坐南朝北，二进三开间带天井二层建筑。通面阔10.25米，通进深15.15米，占地面积155.3平方米。左右两侧屏门装隔。

王星光、王星凡宅

位于黟县宏村镇大同村黄村口组，建于清代。坐北朝南，通面阔8.9米，通进深11.72米，占地面积104.3平方米。三开间带二厢前后厅中天井二层建筑。右厢耳门通厨房。

王兴江等宅

位于黄山区谭家桥镇长罗村溪浩组，建于晚清。占地面积208.64平方米。二进五开间。木架结构穿斗式，整体框架保存较好，水门汀地面，天井下明堂平铺式，天棚望砖，斜撑2个，梁袱4个。

王兴养宅

位于祁门县历口镇历溪村四组，建于清代。坐西朝东，一进三开间一厅二房砖木结构二层建筑。通面阔9米，通进深7.3米，占地面积66平方米。无天井，无精雕细作。

王幸福等宅

位于歙县徽城镇南屏村忠堡自然村，建于清代。坐北朝南，二进三开间二天井砖木结构二层建筑。通面阔9.8米，通进深15.9米，占地面积约156平方米。有冬瓜梁。

王秀娟宅

位于黟县宏村镇大同村黄村口组，建于清代。坐北朝南，通面阔8.9米，通进深11.21米，占地面积99.7平方米。前后进三开间中天井有厢廊二层建筑。右厢耳门通偏屋。

王雪春宅

位于歙县溪头镇晔岔村，建于清代。坐北朝南，通面阔7.8米，通进深17.3米，占地面积134.55平方米。砖雕门楼。

王雪中宅

位于歙县坑口乡阳坑村四安自然村，建于清末。坐北朝南，通面阔9.14米，通进深9.66米，占地面积88.3平方米。三开间『品』字形砖木结构二层建筑。木架结构穿斗式。有槛窗、窗衣，无木雕。有砖雕门楼，间架完整。

王以岳宅

位于歙县森村乡渔岸村，建于清末。坐东南朝西北，二进三开间。通面阔8.8米，通进深15米，占地面积132平方米。内有天井，两壁比较简洁。

王银钗宅

位于黟县宏村镇大同村万村组，建于清代。坐北朝南，通面阔11.2米，通进深7.75米，占地面积86.8平方米。三开间厅堂式带二厢有天井二层建筑。照壁后上楼，厅前廊部有防尘板天棚。

王银全宅

位于歙县坑口乡薛源村吟里自然村，建于清代。坐东北朝西南，砖木结构二层建筑。通面阔8.6米，通进深8.4米，占地面积72.24平方米。无砖木雕饰，『人』字脊，无马头墙。

王英模宅

位于祁门县历口镇历溪村二组。坐西朝东，三开间前后厅四房二厢走马楼式砖木结构二层建筑。通面阔9米，通进深11.4米，占地面积103平方米。砖制门罩，屋内雕刻保存较少，中设天井，青石、木板铺设地面。

王盈中宅

位于黟县西递镇源川村田干组，主楼建于民国时期，厨房建于清末。坐西朝东，通面阔15.61米，通进深8.17米，占地面积110.1平方米。三开间带二厢无天井主楼带厨房二层建筑。右侧门通厨房。主楼木构配件及装修保存较好。

王永来宅

位于绩溪县瀛洲乡汪村，建于清代晚期。坐南朝北，占地面积100平方米。一进三开间二层建筑。抬梁穿斗并用式梁架，撑拱承挑出檐，前檐檐部设一天井，三合土地坪。正厅三开间全用挂落来装饰，梁架和基础较好，挂落、斜撑雕刻细腻精美。

王永兰、汪福成宅

位于黟县碧阳镇柏山村下历组，建于清末。坐北朝南，通面阔10.55米，通进深24.15米，占地面积254.8平方米。二进三开间二天井砖木结构二层建筑。前进为上下厅中天井，彩绘天棚。

王永青宅

位于黄山区三口镇白果树村白果组，建于清代。二进三开间。占地面积131.32平方米，高约5米。门前有一『福』字影照壁墙。木架结构穿斗式，斜方格纹水门汀地面，天井下明堂平铺式，板壁墙，天棚望砖。柱、梁多为白果木、松木质。

王勇忠宅

位于黟县碧阳镇南屏村，建于清末。坐南朝北，通面阔9.8米，通进深6.85米，占地面积67.10平方米。一进三开间一天井二层建筑。门楼保护较好，雕刻精美，隔扇门窗及木构配件制作精致，木构架基本完好，总体保存较好。

王友谅宅

位于歙县昌溪乡万二村万二组，建于清代。坐东朝西，一进三开间。通面阔7.45米，通进深7.15米，占地面积53.3平方米。南面开门。一层厢房窗栏有雕刻，梁枕、梁撑有雕刻，天井较高。

王有光宅

位于黟县碧阳镇北街社区西街，建于清代。坐西朝东，通面阔9.7米，通进深9.15米，占地面积88.8平方米。三开间有天井砖木结构二层建筑。木构架承重，木构架、装修等较完整，构配件、隔扇、门楼等制作较好。

王有全宅

位于歙县坑口乡薛源村吟里自然村，建于清末。坐北朝南，一进三开间砖木结构二层建筑。通面阔6.8米，通进深6.8米，占地面积46.24平方米。

王宇平等宅

位于休宁县齐云山镇典口村鬲山自然村西，建于清代。坐南朝北，一脊二堂三开间。占地面积181平方米。门罩砖雕花卉、禽鸟、瑞兽，变形『寿』字、『卍』字、如意及亭台楼阁，雀替雕如意；二进裙板雕人物、花卉。

王玉兰宅

位于黟县碧阳镇石亭村，建于清代。坐北朝南，通面阔9.8米，通进深11.3米，占地面积110.7平方米。前后进三开间后天井带二厢二层建筑。隔扇门窗、横风窗、木构配件及砖雕门楼造型精美、别致。

王玉林宅

位于歙县徽城镇南屏村忠堡自然村，建于清代。坐北朝南，二进三开间。通面阔10.5米，通进深9.6米，占地面积100平方米。有简易门楼。

王玉珍二号宅

位于歙县北岸镇五渡村，建于清代。坐北朝南，一进三开间。通面阔5.95米，通进深8.8米，占地面积52.36平方米。门楼无砖雕，内有诸多木雕，较精美。

王玉珍一号宅

位于歙县北岸镇五渡村，建于清代。坐北朝南，通面阔8.1米，通进深8.85米，占地面积71.69平方米。门楼无砖雕，内有诸多木雕，较为精美，特别是窗户木雕较好。厅中有『留余堂』匾额。

王毓华宅

位于歙县王村镇王村后街455号，建于清代。二进二开间砖木结构二层建筑。通面阔4.25米，通进深11米，占地面积46.75平方米。大门朝西，有院子，后进木板铺地，前进为水泥地面。

王元生宅

位于歙县郑村镇稠墅村东风组，建于清代。坐北朝南，一进三开间。通面阔 7.5 米，通进深 4 米，占地面积 30 平方米。西边门有门罩砖雕，保存较好。西边门封闭。

王月珠宅

位于歙县徽城镇南屏村王家淇自然村，建于清代。坐东朝西，砖木结构二层建筑。通面阔 5.2 米，通进深 4 米，占地面积约 20 平方米。砂石地面。

王云照宅

位于歙县溪头镇晔岔村，建于清代。坐北朝南，通面阔15.25米，通进深4.7米，占地面积71.68平方米。门楼有砖雕。

王运田宅

位于歙县徽城镇南屏村忠堡自然村，建于清代。坐北朝南，砖木结构二层建筑。通面阔3.7米，通进深6.4米，占地面积约23.7平方米。

王再成宅

位于歙县坑口乡阳坑村四安自然村，建于清末。坐东南朝西北，上下对堂四合式砖木结构二层建筑。通面阔18.16米，通进深15.75米，占地面积286平方米。有冬瓜梁、雀替、槛门隔扇。原有左、右、后三面包厢，左及后两包厢均三间靠壁天井，右包厢一层，单披檐。离大门5米处有砖砌影壁一座。

王灶德、程冬爱宅

位于歙县坑口乡阳坑村四安自然村，建于清末。坐东南朝西北，通面阔12.15米，通进深6.95米，占地面积84.44平方米。砖木结构二层建筑。三间靠壁天井，有砖雕门楼。

王灶华宅

位于歙县坑口乡薛源村吟里自然村，建于清代。坐西北朝东南，上下对堂四合式砖木结构二层建筑。通面阔8.3米，通进深13.49米，占地面积117.96平方米。窗衣已无，砖雕损坏。

王章来宅

位于黄山区仙源镇龙山村西门组，建于清代中期。二进三开间。占地面积126平方米。木架结构穿斗式，框架、木构件、门窗、倚屋、门楼均完整。水门汀地面，天井下明堂平铺式，有斜撑6个，月梁1对，格子门2副，窗4副。

王贞伟宅

位于歙县溪头镇晔岔村，建于清代。坐北朝南，通面阔11.7米，通进深8.9米，占地面积104.1平方米。门楼有精美砖雕。

王志平宅

位于黟县宏村镇塔川村考桥组，建于清代。坐东朝西，通面阔8.15米，通进深6.8米，占地面积55.4平方米。三开间有天井二层建筑。正面大门，照壁后上楼。房屋木构架、装修等较完整。

王志强、程时丕宅

位于黟县碧阳镇碧山村碧西组，建于清末。坐北朝南，通面阔10.3米，通进深14.4米，占地面积148.3平方米。一进三开间上下堂一天井二层建筑。天井下明堂铺砌花岗岩地坪石，楼板天花板有彩绘，木构架保存较好。

王治山宅

位于歙县坑口乡阳坑村四安自然村四组，建于清末。坐西北朝东南，砖木结构二层建筑。通面阔8.45米，通进深5.8米，占地面积49平方米。三间挑楼，前檐外伸，楼下大门两边门顶砌墙，楼上部分杉木板装修。『人』字脊两头翘。

王中俊等宅

位于歙县徽城镇南源口村，建于明末。坐北朝南，二进三开间。通面阔8.1米，通进深13.85米，占地面积约112.2平方米。二天井砖木结构。后进三层。

王中先宅

位于黄山区三口镇湘潭村湘潭组，建于清代。占地面积258.83平方米，高约5.5米。由一主屋一附屋组合而成。木架结构穿斗式，偷柱斜格纹，水门汀地面，天井下明堂平铺式，板壁墙，卷棚望板。

王忠信宅

位于黄山区新丰乡丰溪村下关自然村，建于清代。门向东，二进五开间。占地面积214平方米，高6.5米。木架结构穿斗式，斜方格纹水门汀地面，天井下明堂地沟式，直通5间，板壁墙，圆柱方梁，天棚望板。外墙素面，为手拍级印砖，有避鬼邪之意。

王仲军宅

位于歙县王村镇王村上店自然村109号，建于清代。三进三开间砖木结构二层建筑。通面阔9.3米，通进深11.55米，占地面积107.42平方米。大门在墙的西侧，朝北临街，有院子。有小冬瓜梁，有雀替，窗户雕花，地面用石块铺成。

王转英宅

位于黟县碧阳镇星火村中光组，建于清代。坐北朝南，通面阔9.9米，通进深13米，占地面积128.7平方米。三开间上厅下堂带二厢有天井砖木结构二层建筑。木构架承重，木构架、装修等较完整，构配件、隔扇等较全，门楼完好。

王子敬宅

位于歙县徽城镇七川村，建于清代。坐北朝南，通面阔6.4米，通进深7米，占地面积45平方米。砖木结构二层建筑。

王子善宅

位于歙县坑口乡薛源村吟里自然村，建于清末。坐西北朝东南，三开间『品』字形砖木结构二层建筑。通面阔10.4米，通进深7.4米，占地面积76.96平方米。前墙修砌，无砖木雕饰。

王子野故居

位于绩溪县瀛洲镇仁里村46号，建于清代晚期。坐西北朝东南，占地面积155平方米。上下对堂，二楼通转，硬山式屋顶，三向砌封火墙，中间天井下明堂铺砌条石。大门内有双柱木板影壁。天井下明堂两侧为厢房，饰木雕挂落。檐部有裙板及矮栏。木雕构件有撑拱、雀替、驼峰等。2000年被列为绩溪县重点文物保护单位。

王子仪宅

位于歙县徽城镇七川村，建于清代。坐北朝南，一进三开间砖木结构二层建筑。通面阔8.6米，通进深4.5米，占地面积38平方米。

王紫元宅

位于歙县坑口乡薛源村吟里自然村，建于清末。坐北朝南，三开间『品』字形砖木结构二层建筑。通面阔8.6米，通进深6.6米，占地面积56.76平方米。前堂沿有梁，『人』字脊，无马头墙，门楼上安木椽盖瓦。

王祖武宅

位于歙县坑口乡薛源村吟里自然村，建于清末。坐北朝南，三开间砖木结构二层建筑。通面阔6.5米，通进深5.9米，占地面积38.35平方米。『人』字脊，无马头墙，砖雕简朴无华。

旺德堂

位于休宁县汪村镇大连村上大连自然村，建于清代。坐南朝北，二进三开间。占地面积137平方米。地面铺青石板，立柱及柱础方形，一进木隔扇门雕人物、蝙蝠、八宝，木隔扇窗雕蝙蝠、方格、草龙，裙板饰人物；二进木隔扇窗饰方格，裙板雕鹿、草龙。

韦小兵宅

位于歙县上丰乡丰源村赵村自然村，建于清代。坐东朝西，三进三开间。通面阔9.9米，通进深21米，占地面积211平方米。砖雕门楼。上、中、下堂均有厢房和楼，天井下明堂两侧有雕花屏门装隔，厢房有花雕门罩和窗围，梁头有天官人物木雕，砖木构件雕刻精美。

唯善堂

位于歙县昌溪乡昌溪村周邦头自然村周氏宗祠边，建于清代中期。坐西北朝东南，由正房、附属用房及厨房组成。正房通面阔9.3米，通进深7.4米，一进三开间，室内木雕精美。附属用房为下人居所，通面阔7.3米，通进深10.16米，一进三开间。

惟善堂

位于歙县霞坑镇洪琴村054号，建于清代。坐西北朝东南，一进三开间。通面阔11米，通进深10.5米，占地面积约116平方米。北面屋内两侧有厢房，最南面为天井。门楼有精致人物砖雕，厅内悬『惟善堂』匾额，内部窗栏、挂落、斜撑等有精致雕刻，内容为狮子、花草等。木雕、砖雕基本完好。

魏联成宅

位于黄山区三口镇白果树村红光组，建于清代。占地面积72.27平方米。隔壁香火堂边屋。一进三开间。天井下明堂已毁。框架基本保存原样，地面重新铺水泥，有简易斜撑3个。

魏徐等宅

位于黄山区甘棠镇大桥村赵二组，建于清代。占地面积300平方米。二进五开间。水门汀地面，木架结构穿斗式，原为青泥花砖墙，天棚有卷棚望砖。前进有斜撑8个，后进有斜撑8个，月梁为双狮戏球。

文十斤、袁金华宅

位于黄山区仙源镇龙山村岭坡组，建于清代。占地面积178平方米，高约5.5米。二进三开间。东侧有倚屋，一进三开间。木架结构穿斗式，斜方格纹水门汀地面，天井下明堂地沟式，白灰砖墙，天棚望砖，卷棚偷柱。卷棚处有月梁1对，为双狮戏球图案，有斜撑3个。

翁金花宅

位于黟县西递镇西递村，建于清道光年间。坐北朝南，主体通面阔7.7米，通进深8.15米，建筑面积62.8平方米。三开间二层建筑。

邬济丁宅

位于祁门县箬坑乡金山村金山组。坐南朝北，三厅堂带六厢房二天井砖木结构二层建筑。通面阔9.7米，通进深17.1米，占地面积166平方米。屋内无精雕细作，木隔扇已失，地面铺设木板。

屋脊顶

位于歙县徽城镇新路村，建于明代。坐东南朝西北，一进三开间砖木结构。通面阔4.2米，通进深10.15米，占地面积42.6平方米。圆柱方墩，中有天井，玻璃格子窗。右侧为院子，有门套。挂有门牌『屋脊顶汪存源祖传虾蟆药专治小儿伤积应效』。

吾爱吾庐民宅

位于黟县碧阳镇关麓村，属『八大家』老大，建于清代晚期。开间11米，进深15.47米，占地面积170.1平方米。三开间回廊式砖木结构二层建筑。木构架承重，内构配件、隔扇等制作精致，门楼雕刻完美，属徽雕之精华。2012年被列为安徽省重点文物保护单位。

吴爱钗宅

位于黟县宏村镇雉山村卢村组，建于清代。坐东朝西，通面阔10.43米，通进深10.9米，占地面积113.6平方米。四开间上下厅中天井带二厢二层建筑。上厅左边间上楼，上厅右厢侧耳门通外路，下厅左边间侧耳门通厨房。

吴爱祥宅

位于黟县宏村镇塔川村，建于清代。坐西北朝东南，通面阔9.75米，通进深7.15米，占地面积70.4平方米。三开间二层建筑。正面大门，照壁后上楼。木构架、装修等构配件保存完整。

吴爱珍宅

位于黟县宏村镇宏村，建于清代。坐北朝南，三开间四合式建筑。占地面积275平方米。木构架保存基本完整。

吴爱转宅

位于黟县宏村镇雉山村卢村组，建于清末。坐北朝南，通面阔9.2米，通进深7.1米，占地面积65.3平方米。三开间二层建筑。照壁后上楼。

吴安平宅

位于屯溪区屯光镇南溪南村177号，建于清代。占地面积约275平方米。坐北朝南，二进三开间砖木结构二层建筑。大门处建有门庭及东、西耳房，前进建筑已不存，后进设有院墙，有青石圆门洞相通，青石檐柱。

吴百家宅

位于徽州区潜口镇潜口村金山下自然村，建于明末。坐北朝南，建筑面积139.12平方米。一进五开间二层建筑。明间为厅，次间和梢间很窄，合起来辟为住房。楼上隔为3间。上堂、前檐口全饰月梁，有小丁字拱，有鲤鱼吐水雀替。次间柱头有倒爬狮1对。

吴宝林宅

位于黟县宏村镇宏村，建于清代。坐北朝南，主体通面阔7.8米，通进深11.2米，占地面积136平方米，建筑面积264平方米。三开间二层建筑。

吴本放宅

位于绩溪县瀛洲镇仁里村69号，建于清代晚期。坐西南朝东北，占地面积160平方米。硬山式屋顶，抬梁穿斗并用式梁架，三合土地坪，外围封火墙。前厅后室，两层楼房，前进檐部设一天井，撑拱承挑出檐，二楼用矮窗装饰，后进檐部设一天井，撑拱承挑出檐，东西厢房，室内木雕构件精美。

吴炳安宅

位于休宁县蓝田镇儒村高桥自然村，建于清代。坐北朝南，一进三开间。占地面积58.72平方米。地面铺青石板，立柱及柱础方形，雀替雕刻花卉、人物，斜撑雕刻倒悬狮，木隔扇窗饰方格，裙板雕刻花卉、戏曲故事。

吴长寿宅

位于歙县北岸镇白杨村上村自然村，建于清代。坐北朝南，二进三开间。通面阔10.5米，通进深15.66米，占地面积164.43平方米。门楼有部分砖雕，内有部分木雕。

吴朝汉宅

位于黟县碧阳镇古黄村古筑组，建于清代。坐北朝南，通面阔8.85米，通进深7.2米，占地面积63.7平方米。三开间带二厢有天井砖木结构二层建筑。

吴成华宅

位于歙县昌溪乡昌溪村红心自然村太湖祠左边，建于清末。坐西南朝东北，二进三开间。通面阔7.1米，通进深10米，占地面积71平方米。20世纪80年代曾开过杂货店，现门楼上仍有『太湖商店』字样。

吴成萱宅

位于歙县昌溪乡昌溪村红旗自然村，建于清代。坐西朝东，二进三开间。占地面积104.3平方米，厨房占地面积27.8平方米，总占地面积132.1平方米。前有院，有门楼及砖雕，雕刻精美，正堂有2根大木檐柱，屋檐贴出。梁柁、梁撑雕刻均较精美，后进南面为楼梯间通厨房，北有一厢房。

吴成则宅

位于歙县昌溪乡庙下店村，建于清末。坐西朝东，一进三开间。通面阔8.95米，通进深4.75米，占地面积42.5平方米。堂前、厢房保持原貌。

吴成芝宅

位于歙县昌溪乡昌溪村红心自然村后巷，建于清代。坐西朝东，二进三开间带四厢中天井楼房。通面阔8.8米，通进深10.75米，占地面积95平方米。有门楼及雕刻，进门1米有屏风遮挡，厢房窗栏、梁柁、梁撑雕刻精美。

吴承达等宅

位于歙县北岸镇北岸村前坝自然村，建于清代。坐北朝南，二进三开间。通面阔10.2米，通进深12.1米，占地面积123.42平方米。门楼有砖雕，内有部分木雕。

吴承野宅

位于歙县富堨镇富堨村桃园组，建于清代。坐东朝西，一进三开间二层建筑。通面阔9.9米，通进深8.5米，占地面积84.2平方米。梁上有雕花，天井下明堂两侧屏门雕花装隔。

吴春花宅

位于歙县北岸镇白杨村新桥自然村，建于明末。坐西朝东，一进三开间。通面阔9.6米，通进深12.95米，占地面积124.32平方米。门楼无砖雕，内无木雕。

吴春茂宅

位于歙县霞坑镇崇头村大龙湾自然村，建于清代。坐东南朝西北，一进三开间二层建筑。通面阔10.2米，通进深11.65米，占地面积约100平方米。梁架简单，部分构件有雕刻。

吴春生宅

位于歙县北岸镇显村，建于清代。坐北朝南，二进三开间。通面阔10.2米，通进深7.45米，占地面积75.99平方米。门楼有砖雕，内有诸多木雕，较精美。

吴春雪宅

位于歙县桂林镇黄村三组，建于清代。坐西北朝东南，一进三开间砖木结构二层建筑。通面阔8.9米，通进深7.6米，占地面积67.6平方米。

吴翠花宅

位于歙县北岸镇白杨村上祈自然村，建于清代。坐北朝南，二进三开间。通面阔9.1米，通进深12.66米，占地面积115.21平方米。内有诸多木雕，斜撑狮子木雕较为精美。

吴达章宅

位于黟县碧阳镇古黄村古筑组，建于清代。坐北朝南，通面阔9.05米，通进深9.35米，占地面积84.6平方米。三开间带二厢有天井砖木结构二层建筑。

吴大娣、吴树仁宅

位于歙县北岸镇白杨村上村自然村，建于清代。坐东朝西，一进三开间。通面阔9.9米，通进深6.75米，占地面积66.8平方米。门楼有砖雕，内部窗栏、斜撑等构件有雕刻，较为精美。正厅上方悬挂『余庆堂』匾额。

吴大全宅

位于黟县宏村镇龙江村颖川组，建于清末。坐北朝南，通面阔9.75米，通进深13.71米，占地面积133.7平方米。三开间前堂后厅中天井二层建筑。照壁后上楼，正面大门，左侧门通偏屋。三合土斜方格地面。构配件及隔扇制作精致。

吴道煦宅

位于徽州区西溪南镇石桥村三组，建于清代。坐西南朝东北，建筑面积80.6平方米。三开间上下对堂二层建筑。明间为厅，次间为房。上堂三间显厅。楼上三间分割。

吴德发宅

位于黄山区三口镇联中村联中组，建于晚清。主屋为二进三开间，附屋为一进三开间，各有一天井。占地面积402.93平方米，高约6.5米。木架结构穿斗式，水门汀地面，天井下明堂地沟式，木板壁墙，天棚卷棚望砖。有斜撑6个、月梁1对。西偏房天井下明堂为地沟式，有斜撑4个。

吴德华等宅

位于屯溪区新潭镇瓯山村石岭组，建于清代。占地面积230.72平方米。分前、后两进，均为四合式布局。门楼砖雕方格、花草图案；前进楼上隔扇窗雕小方格图案，楼下隔扇窗雕大方格图案，雀替、斜撑雕刻花草、土龙图案，柱础为红麻石圆鼓状，下堂正中悬挂『嘉惠士林』木匾额。

吴德林宅

位于歙县霞坑镇崇头村037号，建于清代。坐西北朝东南，一进三开间二层建筑。通面阔7.6米，通进深8.6米，占地面积65平方米。门楼有简易砖雕。内部梁架简单，斜撑等构件有简易雕刻。

吴德埔宅

位于徽州区潜口镇唐模村水街，建于清代。坐北朝南，建筑面积161.2平方米。二进三开间上下对堂四合式二层建筑。上下堂明间为厅，次间为房，上堂照壁后设楼梯，楼上走马楼，与下一样分割。

吴德润宅

位于黟县西递镇源川村燕村组，建于晚清。坐北朝南，通面阔13.63米，通进深11.11米，占地面积124.7平方米。三开间带二厢上下厅二层建筑。下厅设入口大门，右厢上楼，侧耳门通厨房，中间为天井。三合土地坪，青条石铺就阶沿及天井下明堂。

吴德树宅

位于徽州区潜口镇澄塘村西边，建于清代。坐东朝西，建筑面积178.95平方米。二进三开间，前进四合院，上下对堂；后进三开间带二厢砖木结构二层建筑。大门开在下堂东首边间。有三道门，明间为小厅，西次间辟一小房间，两厢装花格子屏门。

吴德孙等宅

位于黟县宏村镇际村官川组，建于清代。坐西朝东，通面阔10.1米，通进深13.82米，占地面积139.5平方米。前后进三开间上下房中天井二层建筑。右厢上楼，右厢侧耳门通厨房。木铺楼板，三合土斜方格地面，隔扇及木配件制作较好。

吴东海宅

位于歙县徽城镇鲍川村，建于清代。坐北朝南，一进三开间楼房。通面阔6.45米，通进深9米，占地面积58平方米。圆柱高墩支撑，玻璃格子门窗。

吴东来等宅

位于歙县北岸镇白杨村上祈自然村，建于清代。坐北朝南，二进三开间。门面墙宽9.2米，后檐墙宽9.42米，东面山墙长14.05米，西面山墙长10.65米，占地面积113.62平方米。门楼有砖雕，内有诸多木雕。

吴冬和等宅

位于休宁县流口镇茗洲村茗二自然村26号，建于清代。坐南朝北，呈四合式布局。占地面积110.25平方米。门罩砖雕花卉、瑞兽，水磨砖大门，地面铺青石板，柱础方形，雀替雕龙头、吉祥鸟，挂落饰水波纹，木隔扇门、窗饰方格。

吴多发等宅

位于黄山区甘棠镇甘棠老街北，建于清代。一进五开间。占地面积136平方米，高约6米。硬山式屋顶，木架结构穿斗式，中柱直接到顶，水门汀地面，天井下明堂平铺式，暗天井，白灰墙，天棚望砖。

吴恩涛、吴华林宅

位于歙县昌溪乡昌溪村庙下店自然村，建于清代。坐西朝东，一进三开间。通面阔9米，通进深5.4米，占地面积48.6平方米。南面开门，南面连接厨房，东面边角另开有大门，厢房雕刻简单，无梁柁，厨房内上楼。

吴发证等宅

位于歙县北岸镇白杨村上村自然村，建于清代。坐西南朝东北，二进三开间。通面阔8.8米，通进深8.4米，占地面积73.92平方米。门楼无砖雕，内无木雕。

吴方卫屋

位于歙县桂林镇黄村，建于清代。坐西北朝东南，二进三开间砖木结构二层建筑。通面阔9.6米，通进深9.45米，占地面积90.7平方米。门居中，石门框斜向，有门罩。明间为堂，左右为房。装饰简洁。

吴芳芳宅

位于黟县西递镇西递村株林一组，建于清初。坐北朝南偏东，通面阔8.91米，通进深6.25米，占地面积55.7平方米。三开间带二厢有天井二层建筑。左侧耳门通厨房，楼梯设于后檐墙壁后。

吴锋姣宅

位于黟县宏村镇雉山村卢村组，又名『思济堂』。建于清代。坐北朝南，通面阔20.18米，通进深12.61米，占地面积186.1平方米。五开间上下厅带二厢中天井二层建筑。照壁后上楼，左厢耳门通偏厅，偏厅为三开间带二厢有天井二层建筑。木铺楼板，三合土斜方格地面，隔扇门窗及木构配件制作较好。

吴凤启宅

位于黟县宏村镇屏山村，建于清末。坐北朝南，通面阔10.85米，通进深9.24米，占地面积100.3平方米。三开间带二厢二层建筑。门前左边设门通厨房。

吴福和宅

位于黄山区三口镇白果树村红光组，建于清末。占地面积160平方米。由两幢一进三开间偏房组合而成。木架结构穿斗式，水门汀地面，板壁墙，左偏房有阁楼。

吴福时宅

位于歙县北岸镇白杨村方祈自然村，建于清末。坐东朝西，二进三开间。通面阔12.4米，通进深12.65米，占地面积156.86平方米。内有部分木雕。

吴福祥宅

位于黄山区仙源镇龙山村大北门组，建于晚清。二进(假二进)五开间带天井。占地面积187平方米，高约5.5米。前进被拆除。木架结构穿斗式，斜方格纹水门汀地面，天井下明堂地沟式，砖墙，天棚望砖，卷棚偷柱。卷棚处有1对月梁，为双狮戏球纹饰。

吴富茂宅

位于屯溪区屯光镇南溪南村13号，建于清代。坐北朝南，二进三开间砖木结构二层建筑。占地面积约116平方米。穿斗式构架，硬山式屋顶。前进为店铺门面，后进为居室。楼梯位于天井东侧，自南向北登楼。

吴淦来宅

位于歙县昌溪乡昌溪村庙下店街上，建于清末。坐西朝东，一进一开间二层建筑。通面阔4.4米，通进深11.5米，占地面积51平方米。前进为正厅和厨房，二楼较低，楼梯位于后进卧室，无雕刻。

吴高明宅

位于休宁县汪村镇大连村上大连自然村，建于清代。坐南朝北，一进三开间二层建筑。占地面积48.59平方米。门罩砖雕饰如意、花卉，立柱及柱础方形，雀替雕荷花及『卍』字纹，斜撑饰人物，二楼栏板外檐雕荷花。

吴根寿、吴上慰宅

位于歙县北岸镇白杨村方祈自然村，建于清代。坐西朝东，二进三开间。通面阔10.2米，通进深14米，占地面积142.8平方米。门楼有砖雕，内有部分木雕。

吴根跃宅

位于歙县许村镇跳石村竹溪组，建于清代。坐东朝西，二进三开间带天井二层建筑。通面阔9.8米，通进深11.6米，占地面积113.68平方米。有简易门楼。

吴观煌宅

位于歙县霞坑镇霞坑村士川自然村，建于清代。坐西朝东，二进三开间二层建筑。通面阔6.3米，通进深12米，占地面积76平方米。门罩有精致砖雕，冬瓜梁架上有木雕，以人物、花草为主题。

吴观林等宅

位于休宁县陈霞乡泮路村上泮路自然村，建于清代。坐北朝南，一进三开间二层建筑。占地面积66平方米。雀替、斜撑雕刻人物、大叶花卉，二楼栏板外雕刻花卉，木隔扇窗饰方格缀宝瓶，裙板雕刻花卉、人物，立柱及柱础均方形，地面铺青石板。

吴观六宅

位于歙县北岸镇呈村降村留村自然村，建于清代。坐北朝南，二进三开间。通面阔8.8米，通进深12.75米，占地面积112.2平方米。门楼有砖雕，内有诸多木雕，较为精美。

吴观生宅

位于歙县霞坑镇崇头村，建于清代。坐西朝东，二进三开间。通面阔 8.4 米，通进深 12.1 米，占地面积约 102 平方米。门楼有简易砖雕，木构件有雕刻。

吴观维宅

位于屯溪区屯光镇南溪南村 125 号，建于清代。坐北朝南，砖木结构，现仅存一进大厅。占地面积约 121 平方米。抬梁式构架，整体造型简朴大方。门罩砖雕为历史人物图案，工艺精湛。

吴观宇宅

位于屯溪区屯光镇南溪南村32号，建于清末，民国时期维修。坐北朝南，一进三开间砖木结构二层建筑。占地面积约98平方米。穿斗式梁架。大门位于房屋东南角，明间为厅，两次间为厢房，斜撑、雀替等雕花装饰保存较好，南面外墙体饰有一排小花窗，东面墙体局部改建，素门楼。

吴光彩宅

位于屯溪区屯光镇南溪南村28号，建于清代。坐东北朝西南，一进三开间砖木结构二层建筑。占地面积约71平方米。大门位于天井东侧，穿斗式构架，硬山式屋顶，明间为厅，两次间为住房，天井下明堂平整石板铺就，厅堂地面浇筑水泥。

吴光林宅

位于黄山区仙源镇龙山村洋河组，建于晚清。二进三开间，后进有阁档。占地面积134平方米。穿斗式梁架，水门汀地面，天井下明堂平铺式，后进地面已损坏，前进已改为水泥地面，有斜撑10个，格子门2副。

吴光强宅

位于歙县北岸镇白杨村方祈自然村，建于清代。坐南朝北，二进三开间。通面阔10.8米，通进深14.4米，占地面积155.52平方米。门楼有部分砖雕，内有木雕，保存较好。

吴贵华宅

位于歙县北岸镇白杨村上村自然村，建于清代。坐南朝北，二进三开间。通面阔10.25米，通进深11.9米，占地面积121.98平方米。门楼无砖雕，内有部分木雕。

吴贵妹、胡桂花宅

位于歙县北岸镇五渡村，建于清代。坐北朝南，一进三开间。通面阔9.37米，通进深9.05米，占地面积84.8平方米。门楼有少量砖雕，内有少量木雕。

吴贵松宅

位于歙县富堨镇徐村溪上组，建于清代。坐东南朝西北，二进三开间楼房。通面阔9.9米，通进深11.7米，占地面积115.8平方米。门楼有简易砖雕。前进下堂有厢房，天井下明堂两侧有廊。内部雀替有简单雕刻。

吴国洪、吴跃洪宅

位于黟县宏村镇龙江村颍川组，建于清末。坐东朝西，通面阔9.32米，通进深6.37米，占地面积59.4平方米。三开间二层建筑。左侧门为入口，右侧前厢设楼梯，设门通厨房。

吴国华等宅

位于歙县昌溪乡昌溪村红心自然村，建于清代。坐西朝东，北面开门，一进三开间。通面阔11.8米，通进深8.6米，占地面积95.5平方米。梁柁木雕较精细，正厅北面有过道通厨房，厅堂高于天井下明堂及下堂一阶。

吴国华宅

位于黟县碧阳镇横岗村，建于明末清初。坐西朝东，通面阔17.4米，通进深12.5米，占地面积217.5平方米。二进五开间二天井二层建筑。天井下明堂形制完整。

吴国基、吴寿珠宅

位于黟县宏村镇塔川村西山组，建于清代。坐北朝南，通面阔9.1米，通进深19.15米，占地面积173.4平方米。三开间二廊前后厅有天井二层建筑。正面大门，照壁后上楼。木构架、装修等较完整。

吴国利宅

位于休宁县蓝田镇隆光村磻村自然村，建于清代。占地面积102.95平方米。坐南朝北，一进五开间，青石门洞。地铺青石，立柱及柱础均方形，门罩砖雕以几何纹为主，有彩绘，雀替雕花卉，斜撑雕人物、花卉及龙头鱼尾图案。

吴国平宅

位于歙县北岸镇白杨村方祈自然村，建于清代。坐东朝西，二进三开间。门面墙宽9.25米，后檐墙宽9.6米，通进深13.9米，占地面积131.01平方米。内有诸多木雕。

吴国孙宅

位于黟县宏村镇宏村，建于清代。坐北朝南，占地面积150平方米。三开间二层建筑。木构架完整。

吴国泰宅

位于歙县霞坑镇崇头村大龙湾自然村，建于清代。坐东朝西，一进三开间砖木结构建筑。通面阔9.5米，通进深10米，占地面积约95平方米。部分构件有雕刻。

吴国璋宅

位于歙县昌溪乡昌溪村九子巷，建于清代。坐西南朝东北，一进三开间。通面阔7.2米，通进深10.55米，占地面积76平方米。厅堂内右侧有通道与之相通。内部雕饰精美，门楼砖雕精细。

吴海明等宅

位于黄山区三口镇白果树村新九组，建于清代。占地面积311.1平方米。二进五开间。木架结构穿斗式，天棚望砖，水门汀地面，天井下明堂被改造，构件已被拆除。

吴汉章等宅

位于歙县徽城镇紫阳村，建于清代。坐南朝北，一进一开间砖木结构二层建筑。通面阔4.8米，通进深7.7米，占地面积37平方米。

吴和鸣宅

位于歙县三阳镇三阳村341号，建于清末。一进三开间。通面阔9.7米，通进深4.35米，占地面积42.2平方米。偏门有门楼，有少许木雕隔断。

吴和生等宅

位于休宁县渭桥乡霞溪村，建于清代。坐北朝南，二进二层建筑。占地面积107.61平方米。内部雕刻较简单，地面铺设红砂岩条石板，雀替雕花纹，柱础圆鼓状，木隔扇窗饰变形兽角，裙板饰方格、花卉。二楼有回廊，栏板饰方格。

吴和生宅

位于祁门县历口镇许村。坐北朝南，前后厅二房带二厢砖木结构二层建筑。通面阔9.6米，通进深11.1米，占地面积107平方米。大门朝东开，前设天井，屋内月梁、斜撑、雀替等雕刻保存完好，青石、木板铺设地面。

吴宏福、吴建国宅

位于歙县北岸镇白杨村上祈自然村，建于清代。由两幢相连而成，坐东朝西，二进三开间。左幢门面墙宽10.2米，后檐墙宽9.5米，进深16.8米，占地面积165.48米^2；右幢面阔12.5米，进深14.11米，占地面积176.38平方米。门楼皆有砖雕，内有诸多木雕，部分较精美。

吴洪斌等宅

位于休宁县渭桥乡倪湖村，建于清代。坐北朝南，一进三开间。占地面积76.5平方米。门罩砖雕饰花卉、瑞兽图案，地面铺白麻石，柱础方形，雀替、斜撑雕刻花卉、卷叶纹，木隔扇窗饰小方格，裙板雕蝙蝠。

吴鸿章宅

位于屯溪区屯光镇南溪南村127号，建于明代。占地面积约129平方米。前后双天井砖木结构二层建筑。内门楼饰有长约2米的『一』字形砖雕，底层较低，为穿斗式结构，二层明间为抬梁式构架，檐边三层斗窠，雀替、平盘斗均饰以卷草纹，太师壁为典型明式木门做法。

吴花子宅

位于黟县宏村镇龙江村龙川组，建于清代。坐北朝南，通面阔8.9米，通进深7.7米，占地面积68.5平方米。三开间有天井二层建筑。正面大门，左侧门通外，照壁后上楼。木构架及装修保存完整。

吴华坤宅

位于歙县许村镇前村三组033号，建于清代。坐西朝东，二进三开间带天井。通面阔9.2米，通进深11.5米。门楼基本保存原貌，上下廊4个斜撑雕刻保存完好。

吴华满宅

位于徽州区潜口镇澄塘村光明组，建于清代。坐北朝南，建筑面积101.03平方米。一进三开间上下对堂小四合式砖木结构二层建筑。大门朝南，开在正面居中。上堂三间有楼，两次间辟为住房。楼上为三间，明间为厅，两次间为房。

吴华寿等宅

位于歙县三阳镇三阳村老街，建于清末。通面阔8.3米，通进深5.6米，占地面积46.48平方米。原为洪姓所建书院。有宅院，开偏门，中大门为六开门，两侧厢房，照壁后上楼，楼上为授书之堂。

吴华友宅

位于黟县西递镇西递村，建于清同治年间。坐东朝西，主体通面阔21米，通进深7.6米，建筑面积159.6平方米，占地面积133.6平方米。三开间二层建筑。

吴慧荣宅

位于黟县宏村镇宏村，建于清光绪年间。坐北朝南，主体通面阔8米，通进深7米，占地面积94平方米，建筑面积126平方米。三开间二层建筑。

吴吉静宅

位于歙县深渡镇深渡老街，建于清代。坐南朝北，三进三开间二天井二层建筑。通面阔 8.6 米，通进深 18.7 米，占地面积 160.82 平方米。中进左边有楼梯。大门为石门框，镶青砖，粉素面。

吴继训宅

位于歙县北岸镇北岸村前坝自然村，建于清代。坐北朝南，二进三开间。通面阔 11 米，通进深 14.08 米，占地面积 154.88 平方米。门楼有部分砖雕，内有木雕，较精美。

吴家老宅

位于徽州区岩寺镇上朱村上横街，建于清代。坐北朝南，建筑面积659.12平方米。二进三开间二层建筑。前进为四合院，后进为上下对堂。楼上三间，楼城上通栏格子门，屋面铺望板。

吴家齐、吴跃进宅

位于歙县北岸镇显村，建于清代。坐北朝南，二进三开间。通面阔9.3米，通进深6.25米，占地面积58.13平方米。门楼有部分砖雕。内有诸多木雕，较精美。

吴家社宅

位于黟县碧阳镇横岗村，建于清末。坐北朝南，通面阔10.6米，通进深8.1米，占地面积85.9平方米。一进三开间二层建筑。木构架保存尚好，隔扇门窗保存较完好。

吴家祥等宅

位于歙县北岸镇显村，建于清代。坐北朝南，一进三开间。通面阔8.9米，通进深8.6米，占地面积76.54平方米。门楼有砖雕，内有少许木雕。

吴家众屋

位于歙县岔口镇岔口村090号，建于清代。坐北朝南，三进三开间二层建筑。通面阔9.19米，通进深24.2米。砖雕较精致，保存完好。楼上、楼下雕花板较精美。

吴建成宅

位于徽州区西溪南镇西溪南村朝阳组，建于清代。坐东南朝西北，建筑面积66.17平方米。三开间带二厢二层建筑。正屋三间，明间为厅，两次间为房。房间向厅开门，向天井下明堂开窗。楼上三间分割，格子门装修，屋面有天花，檐口望板。

吴建国宅

位于歙县霞坑镇石潭村120号，建于清代。坐西北朝东南，一进三开间二层建筑。通面阔8.3米，通进深6.8米，占地面积56平方米。大门有门罩。前有天井，外挑雕花木栏。楼梯分两道上楼，梁柁、斜撑等构件有雕刻。

吴建华宅

位于歙县霞坑镇石潭村，建于清代。坐西朝东，一进三开间。通面阔8.7米，通进深8.9米，占地面积80平方米。大门楼略有砖雕，前有天井，厅堂梁撑有木雕，厅左边有附属建筑。

吴建华宅

原位于徽州区潜口镇潜口村，现存于潜口民宅明园内，建于明代中叶。原为三层建筑，明清时期后人改为二层建筑。梭柱、月梁、斗拱、芦苇墙及裙板和照壁装修仍保留着明代早期建筑风格。大厅、水池、天井较宽，四周檐口装有砖质水枧槽与陶制落水管，受风水观念影响，大门侧开，厅堂外斜。1988年作为潜口民宅的组成部分被列为全国重点文物保护单位。

吴建兰宅

位于歙县昌溪乡昌溪村红旗自然村，建于清宣统年间。坐北朝南，一进三开间带二厢带天井。占地面积30.7平方米。门楼上砖窗采光，左侧厢房格子门，无木雕，正堂大梁无梁柁、梁撑，西面通厨房。东面有小间杂房，前有大院。

吴建年宅

位于屯溪区屯光镇南溪南村92号，建于明末。坐南朝北，一进五开间走马楼式砖木结构二层建筑。占地面积约219平方米。穿斗式构架，天井下明堂有石砌鱼池。

吴建清宅

位于歙县杞梓里镇长川村，建于清末。坐北朝南，一进三开间砖木结构二层建筑。通面阔3.8米，通进深7.6米，占地面积28.9平方米。

吴金娣宅

位于歙县北岸镇白杨村上村自然村，建于清代。坐北朝南，一进三开间。通面阔6.2米，通进深8.7米，占地面积53.94平方米。有门楼和漏窗，内无木雕。

吴金海、吴金友宅

位于歙县北岸镇白杨村方祈自然村，建于清代。坐南朝北，二进三开间。通面阔8.7米，通进深9米，占地面积78.3平方米。门楼有部分砖雕，内有诸多木雕。

吴金华宅

位于黟县宏村镇屏山村，建于清末。坐北朝南，通面阔13.34米，通进深14.46米，占地面积164.9平方米。二进三开间前后天井带二厢二层建筑。左厢侧耳门通厨房。

吴金辉宅

位于徽州区西溪南镇竦塘村竺川一组，建于清代。坐东北朝西南，建筑面积86平方米。一进五开间带二厢二层建筑。正屋五间，明间大方砖斜铺地。楼上和楼下一样分割，格子门装修，檐口柱头有夔龙斜撑，屋面无望，檐口无望板。

吴金女宅

位于休宁县蓝田镇儒村高桥自然村东北角，建于清代。坐北朝南，一进三开间。占地面积58.8平方米。地面铺青石板，立柱及柱础方形，门罩彩绘山水、人物，雀替雕花卉，斜撑雕人物、松树、花卉图案，裙板雕刻戏曲故事。

吴金淇宅

位于歙县昌溪乡昌溪村红旗自然村庙下店老街中段，建于清代。坐东朝西，四进三开间。通面阔11.85米，通进深17.25米，占地面积145.16平方米。建筑风格独特，分上下堂，中为天井。东面为厨房，西面入门有照壁。室内木雕精美，后进厨房有独具特色的防火灶一处。

吴金泰、吴卫星宅

位于歙县北岸镇白杨村方祈自然村，建于清代。坐北朝南，二进三开间。通面阔8.65米，通进深7.7米，占地面积66.61平方米。有部分木雕。

吴金堂宅

位于歙县深渡镇昌中村中华一组，建于清代。坐南朝北，通面阔4.8米，通进深6.6米，占地面积31.68平方米。前厅后房二层建筑。厅后上楼。内部四壁镶木板，门楼挑檐。

吴金舟宅

位于黟县碧阳镇南屏村，建于清代。坐东朝西，通面阔8.4米，通进深6.75米，占地面积56.7平方米。三开间带二厢有天井砖木结构二层建筑。

吴锦华宅

位于徽州区西溪南镇巴村琶塘自然村二组，建于清代。坐东朝西，建筑面积114.01平方米。三开间上下对堂二层建筑。有门厅，下堂三间，明间为过道，两次间为房间。上堂三间，明间为厅，两次间为房。楼上走马楼，无望砖。

吴锦娟宅

位于屯溪区屯光镇南溪南村141号，建于清代。坐北朝南，大门朝西，一进三开间走马楼式上下对堂砖木结构建筑。占地面积约72平方米。大门在天井下明堂西侧。明间为厅，次间为厢房，东侧为厨房，天井下明堂平整石板铺就。斜撑、梂窗等处均雕花装饰，保存较好。

吴锦荪、吴锦平宅

位于黟县西递镇西递村，建于清代。坐北朝南，建筑面积156.2平方米。前后三开间二天井二层建筑。

吴瑾云宅

位于黟县西递镇源川村燕村组，建于晚清。坐北朝南，通面阔17.04米，通进深9.32米，占地面积177.1平方米。三开间带二厢二层建筑。左厢侧耳门通厨房，照壁后上楼，大门入口为天井。隔扇、飞罩及木构配件制作精致。

吴景秋等宅

位于歙县北岸镇显村，建于清代。坐北朝南，二进三开间。通面阔9.25米，通进深11.55米，占地面积106.84平方米。门楼无砖雕，内有少量木雕。

吴静仙宅

位于歙县昌溪乡昌溪村红心自然村，建于清末。坐西北朝东南，二进三开间。占地面积90平方米。前有小院，砖雕门楼。厅内梁柱等无雕刻。外墙青砖砌就，马头墙，清代风格屏风。二进后有一小半进可通后面新屋，二进西南有侧门。院内墙面有水墨画。

吴菊花宅

位于歙县北岸镇大阜村，建于清代。坐北朝南，一进三开间。通面阔9.75米，通进深7.1米，占地面积69.23平方米。内外门楼皆有诸多砖雕，内有少量木雕。

吴菊媚等宅

位于歙县昌溪乡昌溪村坝潭组，建于清末。坐西朝东，一进三开间。通面阔9.35米，通进深5.85米，占地面积54.7平方米。青石门楼有砖雕，无天井，无木雕，楼梯位于正厅照壁后。

吴抗美等宅

位于歙县北岸镇白杨村上村自然村，建于明代。坐南朝北，一进三开间。通面阔9.85米，通进深7.35米，占地面积72.4平方米。门楼无砖雕，内无木雕。

吴来泉宅

位于歙县富堨镇青山村律下组，建于清代。坐东朝西，一进三开间二层建筑。通面阔9.1米，通进深14.3米，占地面积130.1平方米。下堂有厢堂。

吴乐真宅

位于歙县北岸镇白杨村方祈自然村，建于清代。坐北朝南，三进三开间。通面阔9.1米，通进深24米，占地面积218.4平方米。门楼有砖雕，内部斜撑、雀替、窗栏、隔扇等构件有雕刻，有部分石雕。

吴礼义等宅

位于歙县北岸镇白杨村方祈自然村，建于清代。坐东朝西，二进三开间。通面阔9.55米，通进深12.1米，占地面积115.56平方米。门楼无砖雕，内有诸多木雕。

吴立安宅

位于歙县北岸镇白杨村方祈自然村，建于清代。坐东朝西，二进三开间。通面阔9.3米，通进深9.3米，占地面积86.49平方米。门楼无砖雕，内有部分木雕。

吴立春等宅

位于歙县富堨镇青山村乔下组，建于清代。坐北朝南，一进三开间二层建筑。通面阔10.3米，通进深12.1米，占地面积124.6平方米。天井下明堂两侧有廊，雕花屏门装隔。

吴立达宅

位于徽州区潜口镇唐模村七组，建于清代。坐东朝西，建筑面积119.4平方米。三开间上下对堂二层建筑。进门为门厅，两次间为住房。上堂三间中为厅，长条砖横铺地，两次间为住房，柱头有夔龙斜撑。楼上每间正中开窗，屋面有望板。

吴立富宅

位于黟县宏村镇大同村邕川口组，建于清末。坐西朝东，通面阔9.25米，通进深9.05米，占地面积83.7平方米。三开间二层建筑。天井后加盖瓦屋面，天井下明堂青石板保存尚好，三合土地坪。

吴丽等宅

位于黟县碧阳镇碧山村碧东组，建于清代。坐北朝南，通面阔18.2米，通进深14.25米，占地面积259.4平方米。三开间二层建筑。隔扇门窗、横风窗、木构配件和砖雕门楼制作较精致，保存完好。

吴利明宅

位于黟县宏村镇汤蜀村吴村组，建于清代。坐东北朝西南，通面阔9.8米，通进深9.52米，占地面积93.2平方米。三开间上下厅中天井二层建筑。大门朝前，照壁后上楼。三合土斜方格地面，木构件及隔扇、横风等制作较好。

吴利荣等宅

位于黟县碧阳镇横岗村，建于清代。坐西朝东，通面阔15.4米，通进深14.85米，占地面积228.7平方米。二进五开间二天井带二厢二层建筑。形制完整，天花板彩绘、木雕刻门、窗等保护较好，方柱粗大，柱磉石雕刻精美。

吴连生宅

位于歙县杞梓里镇茶枝园村，建于清末。坐西朝东，一进三开间。通面阔4.8米，通进深6.7米，占地面积32.16平方米。二层砖木结构建筑，结构简单。

吴连生宅

位于黟县宏村镇际村官川组，建于清代。坐西朝东，通面阔8.23米，通进深7.38米，占地面积60.7平方米。三开间带二厢带天井二层建筑。左边间前檐墙门为入口大门。三合土地坪。

吴烈本、汪炳五宅

位于歙县许村镇前村三组，建于清代。坐北朝南，一进三开间楼房。通面阔9.4米，通进深7.6米，占地面积71.44平方米。结构简单。

吴林宣宅

位于黟县宏村镇屏山村，建于清末。坐东朝西，通面阔8.48米，通进深6.33米，占地面积53.7平方米。三开间带二厢带天井二层建筑。大门口为巷道，右厢侧耳门通厨房。三合土斜方格地面。

吴灵芝宅

位于歙县郑村镇堨田村六组，建于清代。坐南朝北，二进三开间。通面阔13.7米，通进深15米，占地面积205.5平方米。东西两屋，西边屋，直通间。东边屋保存较好，门罩有砖托，厅堂内存梁撑木雕，有砖铺地，厢房有格子窗。

吴柳春宅

位于歙县昌溪乡昌溪村红旗自然村，建于清代。二进三开间。通面阔8.8米，通进深6.4米。前进雕刻精美，后进为楼梯间，与北面厨房连接，内天井，东南另有书房一间。

吴龙喜宅

位于徽州区西溪南镇石桥村五组，建于清代。坐西朝东，建筑面积204.15平方米。三开间上下对堂走马楼式二层建筑。下堂三间，两次间为住房。上堂三间，中为厅，次间为住房。楼上三间分割，中为厅，次间为房。

吴隆伟宅

位于歙县杞梓里镇茶枝园村，建于清同治年间。坐西朝东，一进三开间砖木结构楼房。通面阔8米，通进深5.5米，占地面积约44平方米。青石门框，砖雕门楼。

吴鲁衡罗经老店

位于休宁县万安镇车田村下桥西自然村，建于清代。坐南朝北，占地面积260平方米。建筑共四进，为前店后坊式，一进店面，二进住户，三进仓库，四进作坊，主要生产和销售『吴鲁衡罗盘』。大门上书『吴鲁衡罗经老店』，大门外建凉亭。立柱方形，雀替雕饰如意、花草、土龙图案，楼上窗隔扇雕饰小方格图案，地面铺设木板。2012年被列为黄山市重点文物保护单位。

吴路生宅

位于歙县霞坑镇崇头村，建于清代。坐西朝东，一进三开间二层建筑。通面阔10米，通进深10.2米，占地面积102平方米。堂前两边各设两间房间，大门封闭，后门为通道。

吴茂金宅

位于歙县霞坑镇崇头村大龙湾自然村，建于清代。坐西北朝东南，一进三开间二层建筑。通面阔11.1米，通进深8.7米，占地面积约97平方米。屋内为木结构，有雕刻。

吴茂水一号宅

位于歙县深渡镇昌中村中华二组，建于清代。坐北朝南，一进三开间二过厢二层建筑。通面阔11.1米，通进深9.8米，占地面积108.78平方米。前厅后房，厅后设楼梯。大门朝东开，西边为厨房，南边偏西开边门。门楼挑檐，镶青砖，并有砖雕。

吴民初宅

位于歙县北岸镇白杨村上村自然村，建于清代。坐北朝南，二进三开间。通面阔9.4米，通进深12.9米，占地面积121.3平方米。门楼有砖雕，内部无木雕。

吴敏生宅

位于歙县北岸镇白杨村方祈自然村，建于清代。坐北朝南，二进三开间。通面阔7.2米，通进深9.1米，占地面积65.52平方米。门楼有部分砖雕，内有少量木雕。

吴名高宅

位于黟县西递镇霭峰村上村组，建于清末。坐北朝南，大门朝西，通面阔11.92米，通进深5.06米，占地面积59.8平方米。三开间带二厢二层建筑。右厢为入口通道，过通道为厨房。正厅左边为房间，右边为楼梯。圆形屏风脊，木构完好，木装修及配件、隔扇保存较好。

吴乃平宅

位于歙县北岸镇白杨村上祈自然村，建于清代。坐北朝南，二进三开间。通面阔9.15米，东墙长8.95米，西墙长9.3米，占地面积83.49平方米。内有诸多木雕，较精美，保存较好。

吴年生宅

位于黟县宏村镇汤蜀村吴村组，建于清代。坐西北朝东南，通面阔8.55米，通进深6.61米，占地面积56.5平方米。三开间带二厢有天井二层建筑。照壁后上楼，大门朝前，右厢侧耳门通厨房。三合土地坪，双面门楼。

吴排福宅

位于屯溪区新潭镇长林村过塘坞自然村，建于明代。占地面积约80平方米。一进五开间砖木结构二层建筑。楼上、楼下均低矮，天井下明堂红石铺砌，明堂两头各有小门进入，一排五间小房，明间为厅，次间、梢间为房，厅、房很窄，进深也浅。楼下隔断装修改动，坎上窗扇只有4扇，五抹头小门。楼上隔断部分一板一枕装修，天井下明堂盖棚，唯有底层西次间有一只小丁字拱。

吴培根宅

位于黟县宏村镇宏村，建于清光绪年间。坐北朝南，主体通面阔15米，通进深11.8米，占地面积209平方米。门楼保存较完整，前门亭有天花『云龙蝙蝠纹』，二楼为四合式建筑。

吴培生宅

位于黟县碧阳镇钟山村田二组，建于清代。坐南朝北，通面阔9.85米，通进深7.75米，占地面积76.3平方米。三开间带二厢有天井砖木结构二层建筑。隔扇、构配件、门楼制作较好。

吴朋飞宅

位于黟县宏村镇大同村郭村组，建于清末。坐北朝南，通面阔9.45米，通进深11.45米，占地面积108.2平方米。二进三开间二层建筑。前进为上下堂，后进为二层，照壁后上楼。天井下明堂由鹅卵石砌成。

吴启钧等宅

位于屯溪区新潭镇霞高村，建于清代。坐北朝南，一进三开间。占地面积约93平方米。大门开在中间。门罩彩绘花卉图案，地面以水磨石金砖和红砂条石铺就，柱础方形，雀替、斜撑雕刻花卉，木隔扇窗饰方格图案。

吴青水宅

位于休宁县汪村镇大连村上大连自然村，建于清代。坐西北朝东南，一进三开间二层建筑。占地面积88平方米。门罩砖雕饰花卉、人物及条形纹，地面铺条石板，立柱及柱础均方形，雀替雕花卉，斜撑雕倒挂狮，木隔扇窗饰宝瓶、蝙蝠，二楼栏板外檐雕卷叶纹及人物。

吴庆祝宅

位于歙县昌溪乡昌溪村红心自然村，建于清代。坐北朝南，一进三开间二层建筑，后进已拆改建新屋，现存部分。占地面积27平方米。大门较有特色，门上为弧形石质门罩，弧形两头各雕一条鲤鱼装饰，二楼为木质楼层结构，楼层之外另有木质栏杆，已破损大半。

吴琼芳宅

位于歙县昌溪乡昌溪村红心自然村土地庙处，建于清代。坐东北朝西南，一进三开间。通面阔8.5米，通进深7.1米。正门有简洁砖雕门罩，室内大门上有砖雕，书有『业精于勤』四字。室内梁柁、横梁两端均有木雕，两侧厢房无雕饰。

吴秋明宅

位于歙县北岸镇白杨村方祈自然村，建于清代。坐北朝南，一进三开间。通面阔9.3米，通进深6.8米，占地面积63.24平方米。简易门楼，内部无雕刻。

吴秋平宅

位于黟县宏村镇龙江村上轴组，建于清末。坐北朝南偏西，通面阔9.75米，通进深8.55米，占地面积83.4平方米。三开间带二厢二层建筑。右厢侧门通厨房，照壁后上楼，正面大门，门前有院落。

吴秋生等宅

位于休宁县流口镇茗洲村，建于清代。坐南朝北，占地面积86.48平方米。

吴全坤等宅

位于歙县北岸镇显村，建于清代。坐北朝南，二进三开间。通面阔 10 米，通进深 6.6 米，占地面积 66 平方米。门楼有少量砖雕，内无木雕。

吴泉章宅

位于黟县西递镇西递村，建于清代。坐北朝南，建筑面积 174 平方米，占地面积 120 平方米。三开间二层建筑。偏厅位于正屋后。

吴让彬宅

位于黟县碧阳镇柏山村潘村组，建于清代。坐北朝南，通面阔9.6米，通进深10.25米，占地面积98.4平方米。三开间带二厢有天井砖木结构二层建筑。梁袱雕刻精美。

吴仁清等宅

位于歙县金川乡合丰村外东山自然村，建于清代。坐东朝西，二进三开间砖木结构。占地面积115.5平方米，高8米。宅前有坦，宅边有小溪。正大门左右均有耳门，内有梁柱28根，雕有一对狮，有花窗等。

吴日富宅

位于休宁县汪村镇大连村上大连组，建于清代。坐北朝南，一进三开间二层建筑。占地面积64.98平方米。门罩砖雕饰花卉，立柱及柱础均方形，雀替雕花卉，斜撑雕松树、人物、倒挂狮，二楼栏板外檐雕琴棋书画及荷花、鸳鸯、牡丹、凤凰，木隔扇窗饰八仙，裙板雕花卉及吉祥鸟。

吴日华宅

位于歙县雄村镇浦口村一组，建于清代。坐西朝东，一进三开间二层建筑。通面阔7.6米，通进深7.6米，占地面积57.8平方米。二楼楼层较低。

吴日胜宅

位于徽州区潜口镇唐模村四组，建于清代。坐北朝南，建筑面积61.05平方米。一进三开间砖木结构二层建筑。明间为厅，东次间很窄，作为巷弄，西次间辟为住房。楼上楼下柱头都装饰雕花斜撑，东边巷道口有砖雕大门罩。

吴荣乐、邓世芬宅

位于歙县北岸镇白杨村方祈自然村，建于清代。坐北朝南，二进三开间。分前后两部分。前屋面阔9.45米，进深4.9米；后屋面阔10.15米，进深8.5米。占地面积133平方米。有简易砖雕，内部有木雕。

吴荣琪宅

位于歙县昌溪乡昌溪村红旗自然村，建于清代中期。二进三开间带天井。通面阔9.8米，通进深16.4米，占地面积161平方米。前进部分倒塌，雕刻较精致。后进四厢房，北面小厨房。

吴荣熙宅

位于歙县许村镇塔山村塔山二组，建于清代。坐北朝南，大门设在东面，一进三开间带二厢带天井楼房。通面阔8.7米，通进深7.3米，占地面积63.51平方米。内部结构简单，无砖木雕，格子门已拆。

吴汝青宅

位于黟县宏村镇宏村，建于清代。坐北朝南，主体通面阔6.3米，通进深10米，占地面积128平方米，建筑面积244平方米。三开间三层建筑。

吴瑞安堂

位于歙县昌溪乡昌溪村，建于清代。三进三开间。通面阔10.9米，通进深22.9米，占地面积249.61平方米。垂花门罩，前进为前厅，上下堂高低一致，厢房4间。过天井明堂为中进，木雕精美。大门有清代、民国时期门牌号码。

吴瑞林、蒋庭安宅

位于黟县宏村镇大同村上双干组，建于清代。坐北朝南，通面阔10.05米，通进深14.75米，占地面积148.2平方米。三开间前后厅带二厢二天井二层建筑。后左厢通厨房，右厢上楼。

吴瑞生宅

位于黟县碧阳镇古黄村黄村组，建于清代。坐东朝西，通面阔9.75米，通进深8.3米，占地面积80.9平方米。一进三开间一天井二层建筑。木雕等构配件基本保存完好。

吴三林、吴乃基宅

位于歙县北岸镇白杨村方祈自然村，建于清代。坐北朝南，一进三开间。通面阔10米，通进深9.8米，占地面积98平方米。门楼和漏窗有简易砖雕，内部雀替、窗栏等构件有雕刻。

吴三星宅

位于歙县北岸镇白杨村上村自然村，建于清代。坐南朝北，二进三开间。通面阔9.85米，通进深9.95米，占地面积98.01平方米。门楼无砖雕，内部有部分木雕，较精美。

吴森宝宅

位于歙县昌溪乡昌溪村大柏园巷中段，建于清代中叶。坐南朝北，呈不规则多边形。前进面阔2.95米，进深10.3米，占地面积43平方米。除一层外墙外，均为木质构造。无天井。二层全木质结构，一进一厅一卧。

吴善仁等宅

位于歙县霞坑镇三联村东，建于清末。坐东北朝西南，一进三开间带天井二层建筑。此屋俗称『推刨式』。通面阔9.2米，通进深7.9米，占地面积72平方米。大门门罩有精美砖雕。内部梁架简单，没有雕刻。

吴善治宅

位于歙县霞坑镇石潭村，建于清代。坐西北朝东南，三进三开间二层建筑。通面阔6.4米，通进深14.9米，占地面积96平方米。门楼有垂花门罩，上有较精致砖雕，进大门两边为房间。

吴少君宅

位于歙县徽城镇渔梁街，建于清代。坐南朝北，二进砖木结构二层建筑。通面阔5.56米，通进深9.25米，占地面积52平方米。

吴社成宅

位于歙县霞坑镇崇头村大龙湾自然村，建于清代。坐西南朝东北，一进三开间二层建筑。通面阔9.4米，通进深9.4米，占地面积约88平方米。木结构有雕刻，西面设有小门通往厨房。

吴社苟宅

位于徽州区呈坎镇汪村东横自然村十二组，建于清代。坐北朝南，建筑面积134.5平方米。三开间上下对堂二层建筑。门厅两次间为住房。上堂三间，明间为厅，两次间为房，大方砖斜铺地。楼上沿天井一圈均有格子门装修，楼板无砖，屋面无望。

吴升宅

位于屯溪区新潭镇长林村梅川组，建于清代。坐北朝南，三开间上下对堂砖木结构楼房。占地面积354.2平方米。大门开在下廊屋东厢，三道门进入天井。下廊三开间。两庑均有门洞，下廊条砖横铺地，上堂大方砖斜铺地，显厅柱头有雕花斜撑。照壁后东边有门通往后进，再后为花园。

吴胜平宅

位于歙县富堨镇富堨村美满组，建于清代。一进三开间砖木结构二层建筑。通面阔9.4米，通进深12.7米，占地面积119.4平方米。天井下明堂，石头铺地。大堂、厨房木质结构。有气窗，格子门。

吴盛四、吴普生宅

位于歙县北岸镇白杨村方祈自然村，建于清代。坐东朝西，二进三开间。主体通面阔9.7米，通进深8.4米，占地面积81.48平方米，总占地面积116.4平方米。门楼有部分砖雕，内有诸多木雕。

吴盛兴等宅

位于歙县北岸镇白杨村上村自然村，建于清代。坐南朝北，一进三开间。通面阔6.1米，通进深7.05米，占地面积43平方米。内有部分木雕。

吴世刚宅

位于徽州区西溪南镇竦塘村三组，建于清代。坐东北朝西南，建筑面积222.74平方米。二进三开间二层建筑。前后进相同，明间为厅，两次间为住房，柱头方形回纹中雕夔龙斜撑。楼上沿天井装格子门，屋面无望，檐口装木望板。

吴寿林宅

位于歙县霞坑镇三联村向东自然村67号，建于清代。坐东朝西，一进三开间砖木结构二层建筑。通面阔7.9米，通进深6.2米，占地面积55平方米。属俗称的『挂磅楼』，依山就势而建，一楼无房间，平常活动在二楼。

吴寿权宅

位于黟县宏村镇龙江村颖川组，建于清末。坐南朝北，通面阔10.56米，通进深8.65米，占地面积91.3平方米。三开间二层建筑。左侧耳门通厨房，照壁后上楼，房间内设有阁楼。木构配件及隔扇等构配件制作精致。

吴寿仁宅

位于休宁县海阳镇齐宁社区横巷3-12号，建于清代。坐北朝南，四合式布局。占地面积338.99平方米。前部铺红砂石，后部铺方形青砖，柱础方形，斜撑雕人物及花草，挂落饰花草，木隔扇窗雕花草。东侧偏厅有古井一眼，井圈铺红砂石，口径0.8米，高0.5米。

吴叔荣宅

位于歙县昌溪乡昌溪村上田自然村，建于清代中后期。里通外进式构造，里外两家，一进三开间楼房。通面阔17.7米，通进深9.1米，占地面积161.1平方米。门楼雕刻较精致。

吴淑媛、赵梅女宅

位于黟县西递镇西递村，建于清代。坐北朝南，主体通面阔10米，通进深16.6米，占地面积166平方米。三开间二层建筑。门楼、院落合为一体。

吴树立宅

位于黟县西递镇源川村燕村组，建于晚清。坐北朝南，通面阔10.26米，通进深7.33米，占地面积74.7平方米。三开间带二厢二层建筑。左厢侧耳门通厨房，照壁后上楼，大门入口为天井。直铺木地板，三合土地坪，青条石铺就阶沿及天井下明堂。

吴树林宅

位于徽州区西溪南镇西溪南村立新组，建于清代。坐东朝西，建筑面积92.34平方米。三开间带二厢二层建筑。上堂三间，明间为厅，两次间为房。楼上三间分割，楼沿天井下明堂三边有格子门装修，屋面有天花板装修，檐口装望板。

吴树生宅

位于休宁县万安镇轮车村，建于清代。占地面积222.76平方米。四开间偏厅式建筑。柱础为方形红砂岩，立柱亦为方形。雀替雕饰草龙，斜撑雕饰飞凤，平盘斗雕饰草龙。天井下明堂和大厅间以8扇隔扇门隔断，在天井下明堂前照壁上部嵌红石碑刻，上书『鸿禧』二字。

吴顺花宅

位于歙县徽城镇金山村，建于清代。坐南朝北，一进三开间砖木结构二层建筑。通面阔9.3米，通进深5.2米，占地面积48平方米。有砖雕门楼。

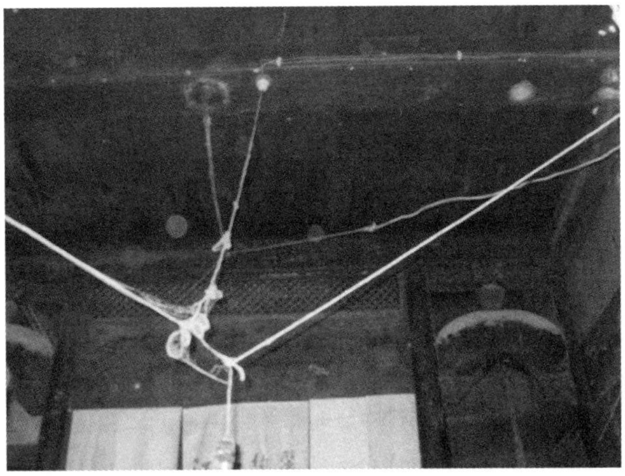

吴顺祥、吴灶亭宅

位于歙县昌溪乡红心村戏台坦，建于清代。坐西朝东，一进三开间。通面阔8.9米，通进深6.5米。有门楼，内天井，一楼两厢房，窗栏雕刻精美，无梁柁，有梁撑。楼梯位于正厅照壁之后。

吴思明宅

位于徽州区西溪南镇石桥村三组，建于清代。坐西南朝东北，建筑面积246.64平方米。二进三开间二层建筑。前进一脊翻两堂，明间为厅，次间为房。后进进门有小门廊，门廊很浅，两次间也装小房。上堂三间，明间为厅，次间为房。

吴松达宅

位于黟县西递镇石印村跃进组，建于清末。坐北朝南，通面阔8.8米，通进深7.38米，占地面积64.9平方米。三开间带二厢二层建筑。右厢设楼梯，左厢开门通厨房。

吴松华宅

位于休宁县陈霞乡陈霞村霞瀛自然村，建于清代。坐西朝东，一进三开间二层建筑。占地面积53.65平方米。地铺白麻石，立柱、柱础皆方形，二楼栏板外饰4只倒悬狮，雀替雕饰花鸟。

吴素兰等宅

位于休宁县海阳镇齐宁社区东青巷10–2号，建于清代。坐西朝东，共两进，第一进三开间，第二进四合式结构。占地面积156.55平方米。地面铺红砂石，柱础为方形，雀替雕饰花草，木隔扇窗雕饰花草、蝙蝠等，地栿装饰鲤鱼等图案。

吴天林宅

位于歙县昌溪乡昌溪村红旗自然村，建于清代。坐西南朝东北，通面阔10.56米，通进深5.7米，占地面积60.27平方米。与东北紧接的宅系一个整体，此幢旧时为书房，现已分户，封闭通道。两侧厢房窗栏有木雕。

吴天寿宅

位于歙县霞坑镇崇头村，建于清代。坐东朝西，二进三开间二层建筑。通面阔7.5米，通进深16.2米，占地面积121平方米。门楼有简易砖雕，上有长方形采光漏窗。内部梁架简单，雀替等构件有雕刻。

吴天喜宅

位于徽州区潜口镇潜口村金山下自然村，建于明末。坐北朝南，建筑面积147.8平方米。一进五开间带二厢二层建筑。大门口有照墙，门罩为砖砌牌楼式门坊。上堂明、次间抬梁式木构架，三间为厅，两梢间向后1米为住房。楼上分三间，枋以上隔断饰芦苇墙，楼板铺条砖，屋面铺方形望砖。

吴旺春、吴昌红宅

位于歙县桂林镇黄村二组，建于清代。坐西南朝东北，一进三开间砖木结构二层建筑。通面阔8.95米，通进深7.53米，占地面积67.4平方米。

吴维和宅

位于休宁县溪口镇江潭村前街自然村，建于清代。坐西北朝东南，一进三开间。占地面积123.96平方米。门罩砖雕饰花草、动物图案，地面铺青石板，雀替、斜撑雕刻花草。

吴文杰宅

位于徽州区西溪南镇石桥村七组，建于清代。坐西北朝东南，建筑面积83.02平方米。一进三开间二层建筑。正面三间起楼，明间为厅，两次间为房，壁后设楼梯，楼上三间分割，有两厢房，屋面无望，前檐口有望板。

吴文灵宅

位于歙县昌溪乡昌溪村红旗自然村，建于清代。坐西北朝东南，一进三开间。通面阔9.95米，通进深11.1米，占地面积110.5平方米。门檐『八』字形凹进，门楼砖雕精美。主厅梁柁雕刻精美，厢房窗栏无木雕。

吴文升宅

位于歙县许村镇前村二组，建于清代。坐北朝南，一进三开间楼房。通面阔9.6米，通进深6.5米，占地面积62.4平方米。结构简单，无雕刻。

吴文忠宅

位于徽州区呈坎镇杨干村下杨干自然村，建于清代。坐东朝西，建筑面积70.4平方米。一进三开间带二厢二层建筑。大门开在东厢东边墙，进门即天井。正屋三间，明间为厅，两次间为房，柱头雕如意纹斜撑。楼上三间，明间为厅，次间为房。

吴五九宅

位于黟县碧阳镇钟山村田二组，建于清代。坐北朝南，通面阔10.4米，通进深8米，占地面积83.2平方米。三开间带二厢有天井砖木结构二层建筑。隔扇门窗、横风窗、构配件及门楼制作较好。

吴五十宅

位于黟县宏村镇屏山村，建于清代。坐东朝西，通面阔11.22米，通进深5.35米，占地面积60平方米。二进三开间二层建筑。照壁后上楼，大门前左侧进厨房。房间内铺木地板。

吴先树宅

位于黄山区仙源镇龙山村西门组，建于清末。占地面积112平方米。二进三开间。木架结构穿斗式。有简易斜撑4个，水门汀地面已损坏，天井下明堂已改动。

吴小林宅

位于休宁县蓝田镇隆光村磻村自然村，建于清代。坐南朝北，一进三开间。占地面积59.34平方米。青石门洞。立柱及柱础均方形，雀替、斜撑雕刻人物、花卉并髹饰金粉，木隔扇窗饰方格，裙板雕刻人物，隔扇板雕刻蝙蝠、花卉，墙上书『福』字。

吴小元等宅

位于歙县北岸镇白杨村方祈自然村，建于清代。坐西朝东，二进三开间。通面阔8.55米，通进深8.65米，占地面积73.96平方米。门楼有砖雕，内有诸多木雕，雕刻较好。

吴晓华宅

位于黟县碧阳镇郭门社区，建于清代。坐西朝东，通面阔9.8米，通进深9米，占地面积88.2平方米。三开间带二厢有天井砖木结构二层建筑。隔扇、横风窗、飞罩及构配件制作较好。

吴新基宅

位于黟县宏村镇塔川村，建于清代中期。坐东北朝西南，通面阔10.7米，通进深16.1米，占地面积172.3平方米。三开间带二厢上下堂中天井二层建筑。正面大门，内设屏门，照壁后上楼，前廊部设卷棚轩。大方砖铺地，花岗岩铺设天井下明堂阶沿地坪。砖、木、石构配件制作精致，尤其是木雕部分技艺精湛。

吴新民宅

位于歙县昌溪乡红心村中巷，建于清代。坐南朝北，一进三开间，通面阔4.5米，通进深3.6米，占地面积18平方米。门楼无砖雕，无天井，楼梯置于正厅照壁后，一楼无厢房，无木雕，二楼木质楼层。

吴杏珠等二号宅

位于歙县北岸镇显村，建于清代。坐北朝南，二进三开间。通面阔10.75米，通进深9.05米，占地面积97.29平方米。内外门楼皆有砖雕，雕刻精美。内有诸多木雕，较精美。

吴杏珠等一号宅

位于歙县北岸镇显村，建于清代。坐北朝南，二进三开间。通面阔9.45米，通进深8.35米，占地面积78.91平方米。门楼无砖雕，内有诸多木雕，较精美。

吴叶本宅

位于歙县霞坑镇崇头村，建于清代。坐西朝东，一进三开间二层建筑。通面阔8.8米，通进深6.6米，占地面积56平方米。大门斜向，上有采光漏窗。梁架简单，堂前南面设有2间住房。

吴叶斌宅

位于歙县昌溪乡昌溪村，建于明末。坐西北朝东南，一进三开间。通面阔8.9米，通进深6.65米，占地面积59.2平方米。正厅无木雕，两边厢房格子门及窗户有简单木雕。

吴叶马宅

位于歙县昌溪乡昌溪村红旗自然村，建于清代。坐西北朝东南，二进三开间。通面阔9.1米，通进深13.7米，占地面积约124.7平方米。东北开边门，木雕精细。

吴一凡宅

位于绩溪县华阳镇学背后8号，建于清代后期。坐北朝南略偏东，建筑面积130平方米。硬山式屋顶，外围封火墙，抬梁穿斗并用式建筑，上下楼各设两厢。室内斜撑、雀替有精美雕刻。2000年被列为绩溪县重点文物保护单位。

吴贻荪宅

位于休宁县海阳镇玉宁社区文昌坊38号，建于清代。坐西朝东，一进三开间，北墙开门。占地面积62.92平方米。结构简单，地面铺红砂石板，柱础、大梁皆方形，未见雕刻。

吴以斌、方四金宅

位于歙县霞坑镇崇头村大龙湾自然村，建于清代。坐西北朝东南，一进三开间二层建筑。通面阔5.4米，通进深9.8米，占地面积约53平方米。大门前有小院，木结构有雕刻。

吴以浩宅

位于歙县霞坑镇崇头村大龙湾自然村024号，建于清代。坐西北朝东南，一进三开间二层建筑。通面阔9.6米，通进深10米，占地面积约96平方米。屋内木头结构有雕刻。

吴以慎等宅

位于歙县昌溪乡昌溪村坝潭自然村，建于清代。坐西朝东，一进三开间。通面阔14.2米，通进深7.85米，占地面积111.5平方米。南面有门通往边屋，边屋北面有过道与正堂相通，屋内破损，北面有门通正厅，正屋北面开门，内部木雕精美。

吴亦良宅

位于歙县昌溪乡昌溪村红旗自然村，建于清代。坐东南朝西北，二进三开间。通面阔10.23米，通进深16.75米，占地面积171.35平方米。后进朝东南开边门，内部无木雕。前进厢房4间，后进4间。

吴亦明宅

位于歙县昌溪乡昌溪村庙坦后自然村，建于清代。坐北朝南，一进三开间。通面阔9.55米，通进深6.5米，建筑面积62.07平方米，院落面积30平方米。屋内雕刻保存较好，较精致，有少许毁损，两厢房外气窗有牛、羊等石雕。

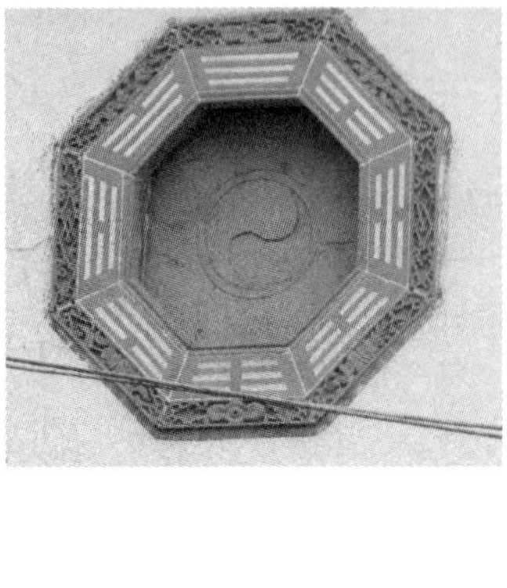

吴益明、吴锦昌宅

位于歙县桂林镇黄村二组，建于清代。坐西南朝东北，二进三开间砖木结构二层建筑。通面阔11.1米，通进深13.3米，占地面积147.6平方米。有门楼。

吴益明宅

位于歙县杞梓里镇苏村，建于清代中叶。坐南朝北，二进三开间砖木结构二层建筑。通面阔9.7米，通进深12.15米，占地面积117平方米。青石门框，饰以砖雕门楼。

吴银菊宅

位于歙县昌溪乡昌溪村太湖祠巷，建于清代。一进一开间二层建筑。通面阔3.4米，通进深4.6米，占地面积17平方米。无门楼，无天井，无雕刻。进门右手有楼梯，二楼有一间厢房。

吴银巧等宅

位于歙县北岸镇显村，建于清代。坐北朝南，二进三开间。通面阔10.1米，通进深9.4米，占地面积94.94平方米。有内外门楼砖雕，非常精美。内有诸多精美木雕、石雕。

吴应荣宅

位于歙县北岸镇北岸村，建于清代。坐北朝南，二进三开间。通面阔9.7米，通进深9.2米，占地面积89.24平方米。前有小院，门楼有砖雕『百子图』，较精美，有精致石雕，室内有诸多木雕。

吴永春、吴永信宅

位于徽州区潜口镇澄塘村西边，建于清代。坐西北朝东南，建筑面积236.12平方米。三开间上下对堂四合式砖木结构二层建筑。下堂三间，中间为厅，次间为房，明间大方砖铺地。上堂三间明间为厅，楼上为跑马楼，屋面有望砖，大方砖铺地。

吴永海、朱惠芬宅

位于黟县宏村镇塔川村，建于清代。坐北朝南，通面阔9.9米，通进深15.95米，占地面积157.9平方米。前后进三开间厅堂式二天井二层建筑。正面大门，后进照壁后上楼，后厅前廊部设卷棚轩。木构架等构配件保存完整，内部砖、木、石构配件制作精致，门楼完整。

吴永健宅

位于黟县宏村镇塔川村，建于清代。坐北朝南，通面阔10.7米，通进深8.05米，占地面积86.1平方米。三开间二层建筑。正面大门，照壁后上楼。房屋整体较完整，砖、木、石构配件制作较好，门楼完整，天花彩绘完好。

吴永裕宅

位于歙县雄村镇义成村五组，建于清代。坐北朝南，三进三幢相连，各为三开间二层建筑。通面阔24米，通进深15.8米，占地面积379.2平方米。主体结构完好，部分毁坏。前后天井，有格子窗、格子门和斜撑，有望砖。

吴勇宅

位于屯溪区新潭镇长源村下长林自然村，建于清代。占地面积193.7平方米。二进三开间砖木结构二层建筑。堂屋3间，楼梯设在东厢内，东厢有门通往边间小屋，小屋亦为二层楼房，前边有小天井，前檐临空，为书房。正屋大方砖正铺地，两次间为房间。

吴友群宅

位于休宁县溪口镇矶溪村矶溪自然村矶溪河旁，建于清代。坐南朝北，一进三开间。占地面积81.6平方米。门罩砖雕人物、花草、动物、变形『寿』字纹，地面铺长条青石，柱础方形，雀替、额枋雕刻花草、龙凤图案，木隔扇窗饰小方格，裙板雕刻戏曲故事。

吴有才宅

位于休宁县流口镇茗洲村，建于清代。坐北朝南，二进三开间。占地面积178平方米。一进地面铺青石板，柱础圆鼓状，木隔扇门、挂落、裙板均饰方格；二进金砖铺地，雀替雕刻草龙、花卉，木隔扇门、窗均饰方格。

吴又兰宅

位于徽州区西溪南镇竦塘村三组，建于清代。坐东北朝西南，建筑面积276.9平方米。二进三开间二层建筑。正屋前有小院，大门开在正中，进门即门厅，两次间为木装修小房。上堂3间，中间为厅，两次间为房。后进三开间带二厢。楼上三面装隔扇窗，檐口柱头饰夔龙斜撑。

吴宇球等宅

位于歙县杞梓里镇西村，建于清末。坐北朝南，一进三开间楼房。通面阔6米，通进深10.2米，占地面积61.2平方米。厅堂坐西朝东，靠壁天井。麻石门框，砖雕门楼。

吴玉宝宅

位于屯溪区屯光镇南溪南村168号，建于清代。坐东北朝西南，二进三开间砖木结构二层建筑。占地面积约116平方米。穿斗式构架，硬山式屋顶。前进为店铺门面，后进为居室。

吴玉良、吴树德宅

位于歙县许村镇前村二组，建于明末清初。坐北朝南，二进三开间带天井二层建筑。通面阔7.6米，通进深13.3米，占地面积101.1平方米。

吴玉雪宅

位于休宁县万安镇轮车村上轮车组近轮车桥处，建于清代。占地面积131.25平方米。原为『周宅』后进，后单独成一进三开间。大门开在西边，柱础方形，雀替、斜撑雕刻花卉、草龙图案，地面铺红砂岩条石，地袱石透气孔雕刻『喜上眉梢』图案。

吴裕发宅

位于黟县碧阳镇南屏村，建于清代。坐南朝北，通面阔9.4米，通进深7.15米，占地面积67.2平方米。三开间带二厢有天井砖木结构二层建筑。扇、横风窗和楼行栏杆保存较好。

吴鯍娟宅

位于黟县宏村镇屏山村，建于清末。坐北朝南，通面阔7.29米，通进深18.78米，占地面积148.7平方米。前后进三开间带二厢有天井二层建筑。入口大门前为道路，路旁有小河，前后有天井，后进后檐墙门通后厨房，大门前有门楼。

吴元成等宅

位于歙县昌溪乡昌溪村红旗自然村，建于清代。坐北朝南，一进三开间。通面阔8.4米，通进深5.8米，占地面积48.7平方米。无雕刻，阁楼上的门窗有简单雕刻，两边厢房保存较好。

吴元炽宅

位于歙县北岸镇北岸村，建于清代。坐北朝南，二进三开间。通面阔9.4米，通进深14.11米。左右两幢相连，门楼有部分砖雕。内部有木雕、石雕，皆较为精美。

吴元惠宅

位于歙县霞坑镇崇头村大龙湾自然村，建于清代。坐西南朝东北，一进三开间二层建筑。通面阔9.8米，通进深6米，占地面积约59平方米。有简易门楼。

吴元康宅

位于歙县霞坑镇崇头村大龙湾自然村，建于清代。坐北朝南，一进三开间二层建筑。通面阔9.95米，通进深8.2米，占地面积约78平方米。有门楼，内部木结构有雕刻。

吴元治宅

位于歙县北岸镇白杨村上祈自然村，建于清代。坐北朝南，二进三开间。通面阔8.7米，通进深8.8米，占地面积76.56平方米。门楼有砖雕，内有部分木雕，较精美。

吴月发宅

位于休宁县汪村镇大连村上大连自然村，建于清代。坐南朝北，二进三开间。占地面积139.38平方米。地面铺青石板，一进木隔扇门雕人物、蝙蝠、八宝，雀替雕花卉，斜撑雕瑞兽，木隔扇窗雕蝙蝠、方格、草龙，裙板雕人物；二进木隔扇窗饰方格，裙板雕草龙、麒麟。

吴月来宅

位于徽州区西溪南镇竦塘村梧竺源自然村，建于清代。坐西朝东，建筑面积112.53平方米。一进三开间带二厢二层建筑。上堂三间，明间为厅，两次间全部木装修为住房。坎上沿天井下明堂装格子门，屋面全装望板。

吴月香宅

位于歙县三阳镇叶村，建于清代。通面阔8.6米，通进深6.7米，占地面积58平方米。原有三进二明堂，后拆改建前两进，现存后进一明堂。

吴跃明宅

位于黟县碧阳镇石亭村，建于清代。坐北朝南，通面阔10.05米，通进深10.2米，占地面积102.5平方米。一进三开间一天井二层建筑。砖雕门楼。

吴云樊宅

位于歙县昌溪乡昌溪村庙下店自然村，建于清代中后期。坐北朝南，一进三开间。通面阔11.6米，通进深11.5米，占地面积133.4平方米。雕刻简洁，门楼厢房花窗、格子门、梁撑等俱全。分上下堂，下堂梁柁雕刻精致。

吴云刚宅

位于歙县霞坑镇崇头村，建于清代。坐南朝北，一进三开间二层建筑。通面阔10.9米，通进深8.8米，占地面积96平方米。大门无门楼，天井下明堂后为三间正房，内部梁架简单，无雕刻。

吴云海宅

位于歙县北岸镇白杨村方祈自然村，建于清代。坐东朝西，一进三开间。通面阔10.35米，通进深6.25米，占地面积64.69平方米。内有少量木雕，2根大梁粗大，地面由石头、粗砂铺成。

吴云浩宅

位于歙县昌溪乡昌溪村红心自然村，建于清代。坐西朝东，通面阔9米，通进深7.05米，占地面积65平方米。一进三开间。无门楼，破损严重。

吴云浩宅

位于歙县霞坑镇崇头村，建于清代。坐西南朝东北，一进三开间二层建筑。通面阔6.7米，通进深10.8米，占地面积72.36平方米。堂前北面设有小门通往厨房，梁架简单，无雕刻。

吴云和宅

位于歙县昌溪乡昌溪村红旗自然村『木牌坊』右侧，建于明代。仿宋代风格建造，坐北朝南，一进三开间带天井二层建筑。第一间为主要通道，有楼梯上二层；第二间为厅堂；第三间为厨房，有『福禄寿禧贵』5个字。面阔9.8米，进深5.5米，占地面积53.9平方米。门楼砖雕精细。两边有厢房，面阔8.65米，进深6.5米，占地面积56.32平方米。

吴云华宅

位于歙县昌溪乡昌溪村红旗自然村，建于清代。坐北朝南，一进三开间。占地面积73.8平方米。房屋东面另有总屋，现只剩地基，已拆除。西面有厨房和一杂物间。

吴云景宅

位于歙县昌溪乡双源村凤歧自然村，建于清代。坐北朝南，一进三开间。占地面积55.5平方米。门楼雕刻精美，下堂两厢房设计，东西两边各有边门，梁柁、梁撑等保存完整，雕刻较精致。有仙鹤、木狮各一对，中央天井。

吴云坤宅

位于歙县霞坑镇崇头村，建于清代。坐西北朝东南，一进三开间二层建筑。通面阔9.8米，通进深10米，占地面积98平方米。内无天井，明间为堂，左右为厢房。

吴云兰宅

位于黟县宏村镇塔川村横山组，建于清代。坐北朝南，通面阔9.13米，通进深4.95米，占地面积45.2平方米。三开间二层建筑。大门开在正面，照壁后上楼。

吴云清宅

位于休宁县蓝田镇儒村高桥自然村，建于清代。占地面积56.33平方米。一进三开间。门罩砖雕饰『全家福』图、人物，地面铺青石，立柱及柱础方形，雀替、斜撑雕刻人物、松树，木隔扇窗饰方格、蝙蝠、人物、鹿、花卉，裙板雕桃树、人物，木隔扇板饰冰裂纹。

吴云通等宅

位于歙县昌溪乡昌溪村，建于清末。坐西朝东，一进三开间。通面阔9.2米，通进深5.55米，占地面积51平方米。无木雕，无天井，无门楼。

吴云喜宅

位于歙县昌溪乡昌溪村红心自然村，建于清道光年间。坐东北朝西南，一进三开间。通面阔6米，通进深6.8米，占地面积40平方米。一楼无厢房，梁柁、梁撑等雕刻精美，内天井，门楼破损。

吴灶富宅

位于黄山区谭家桥镇东黄山村西一组，建于清代。一进三开间。占地面积58.1平方米，高约5米。马头外墙，木架结构穿斗式，三合土地坪，板壁内墙。

吴灶根宅

位于歙县北岸镇白杨村上村自然村，建于清代。坐北朝南，一进三开间。通面阔 9.4 米，通进深 7.9 米，占地面积 74.3 平方米。门楼有砖雕，内有部分木雕。

吴灶利宅

位于歙县昌溪乡昌溪村红心自然村，建于清末。坐西南朝东北，三幢相通，前进三开间，后进二开间。总占地面积 218.3 平方米。后进厢房两间，西面厢房由前厅进入，西面设楼梯，后进房屋北面有通道进入二进。

吴灶土、吴顺法宅

位于歙县昌溪乡昌溪村坝潭自然村，建于明末。坐西朝东，一进三开间带天井二层建筑。通面阔8.05米，通进深7.45米，占地面积60平方米。木雕精美，一楼四厢房设计，后有门通向大路。

吴兆成、吴家华宅

位于歙县北岸镇显村，建于清代。坐北朝南，一进三开间。通面阔9.25米，通进深7米，占地面积64.75平方米。门楼有部分砖雕，内有诸多木雕，较精美。

吴兆云宅

位于歙县桂林镇黄村一组，建于清代。坐南朝北，一进三开间砖木结构二层建筑。通面阔9.3米，通进深7.2米，占地面积67平方米。门楼有简单雕刻。

吴珍珠宅

位于黟县碧阳镇石亭村，建于清代。坐北朝南，通面阔9.4米，通进深8.75米，占地面积82.3平方米。二进(后进已封)三开间带二厢有天井砖木结构二层建筑。隔扇门窗、横风窗及砖雕门楼制作较精致。

吴振兴宅

位于屯溪区黎阳镇隆阜上村文教路12号，建于明代。占地面积300.06平方米。前后进三开间砖木结构二层建筑。前堂三开间，明间为抬梁式梁架，周沿为穿斗式梁架，硬山式屋顶，花板隔断处镂雕灵芝头和木狮。2012年被列为黄山市重点文物保护单位。

吴志国宅

位于绩溪县华阳镇四门川27号，建于清代后期。坐北朝南，占地面积72平方米。一进三开间。前檐置一天井，东西厢房，三合土地坪，外围封火墙，撑拱承挑出檐，室内的木雕构件雕刻精美。

吴志勤宅

位于歙县许村镇前村二组103号，建于清代。坐北朝南，二进三开间。通面阔7.8米，通进深12.1米，占地面积94.38平方米。有简易门罩，中为天井，西廊设楼梯，明间为堂，左右为房。

吴志善宅

位于歙县雄村镇雄村，建于清末。坐北朝南，二进三开间砖木结构二层建筑。通面阔10.1米，通进深13.05米，占地面积132平方米。有格子门。

吴忠德等宅

位于歙县北岸镇大阜村，建于清代。坐北朝南，三进三开间。通面阔 10.55 米，通进深 22.15 米，占地面积 233.68 平方米。门楼有砖雕，较精美，内有诸多木雕，斜撑木雕精美。

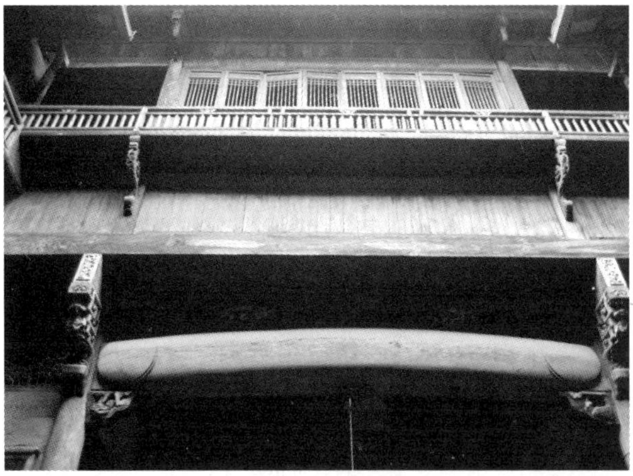

吴仲谋宅

位于歙县昌溪乡昌溪村红旗自然村，建于清代。坐西朝东，四进三开间。前置小院，砖雕门罩已拆除。木雕精细，玻璃花窗门面。二进为正厅，三开间带二厢。三进为休息厅，厅面朝南。四进为厨房。一、三进朝南开有边门，四进厨房朝西开有边门。三进东南面依地形建有房一间，内置象牙木雕床一架，雕刻精美。

吴仲芝宅

位于歙县桂林镇黄村一组，建于清代。坐西南朝东北，一进三开间砖木结构二层建筑。通面阔11.26米，通进深7.5米，占地面积84.5平方米。

吴洲浩宅

位于休宁县万安镇吴田村东北角，建于清代。坐北朝南，一进三开间，开边门。占地面积90.5平方米。门檐下绘人物图案，柱础方形，地面由水磨石金砖铺就，木隔扇窗饰方格，斜撑雕刻鱼、狮等图案。

吴子金等宅

位于歙县北岸镇白杨村上村自然村，建于清代。坐北朝南，二进三开间。通面阔9.8米，通进深9.5米，占地面积93.1平方米。门楼有部分砖雕。内有少量木雕。

吴祖龙宅

位于歙县北岸镇白杨村上祈自然村，建于清代。坐北朝南，二进三开间。通面阔9.75米，通进深13.4米，占地面积130.65平方米。门楼砖雕已毁损，内有部分木雕。

吴最祥等宅

位于歙县昌溪乡昌溪村沧山源自然村，建于清末。坐西北朝东南，二进三开间。通面阔8.2米，通进深9米，占地面积73.8平方米。木雕精致。

五桂堂

位于歙县杞梓里镇五春村长湾岭组，建于清宣统年间。坐东朝西，三进三开间楼房。通面阔9.4米，通进深22米，占地面积206.8平方米。有简易门楼，内部雀替、窗子等有雕刻。

五间厅

位于歙县北岸镇五渡村，建于清代。坐北朝南，二进五开间。通面阔14.4米，通进深12.7米，占地面积182.88平方米。门楼有少量砖雕，内无木雕，有较多柱子。

五间厅

位于徽州区潜口镇东山村叶村自然村，建于明末。坐西南朝东北，建筑面积228.4平方米。五开间上下对堂砖木结构二层建筑。上堂五开间，明间次间三间为厅，抬梁式梁架，额袱、乳袱全为月梁，有丁字拱。

务本堂

位于徽州区潜口镇唐模村一组，建于清代。坐西北朝东南，建筑面积117.18平方米。三开间二阁厢砖木结构二层建筑。正堂三间，明间为厅，两次间为房，隔断砖竖砌，大方砖正铺地，窗坎下木板装修，坎上花格子扇门。

务本堂

位于婺源县浙源乡虹关村58号，詹群希宅，建于清代。坐北朝南，三开间带二厢二正房砖木结构建筑。由厅堂、余屋组成。大门朝北，水磨砖门面，单檐式。入大门为余屋，向右经一弄堂达厅堂，该堂地铺青石，浅明堂，保存较完整。梁枋、门窗、梁柁、雀替均有雕饰，门窗刻有『八仙』图案，一侧保存完好，另一侧被铲，余屋濒临倒塌，现堆放杂物。2005年被列为婺源县重点文物保护单位。

婺本堂

位于休宁县汪村镇大连村上大连自然村，建于清代。坐东朝西，四合式布局。占地面积137平方米。地面铺青石板，立柱及柱础方形，地袱石装饰『卍』字纹，雀替雕花卉，木隔扇窗饰长方格，裙板雕花卉，二楼为走马楼。

西冲三房

位于婺源县思口镇西冲村，建于清光绪年间。占地面积360平方米。现为俞革新宅。传说为屋主建给三个儿子居住，故称『三房』。屋内有三个天井，三户人家在屋内互不干扰。局部构件受白蚁侵害。2005年被列为婺源县重点文物保护单位。

西递经管站

位于黟县西递镇西递村，建于清代。坐西朝东，主体通面阔11.4米，通进深4.6米，建筑面积157.8平方米，占地面积117.8平方米。三开间二层建筑。

西递西园

位于黟县西递镇西递村横路街，建于清道光年间。坐北朝南，系清道光四品官胡文照故居。『八』字形门楼，『一』字形并列摆开3个独立的三开间单元，由门前庭院相连贯通。第一单元通面阔9.8米，通进深14.2米；第二单元通面阔9.45米，通进深7米；第三单元通面阔10米，通进深7.2米。总占地面积507平方米，总建筑面积702平方米。庭院以墙分隔成前园、中园、后园三部分，隔墙为青砖砌成，有方形大漏窗，设拱券砖门。2001年被列为全国重点文物保护单位。

西复堂

位于徽州区岩寺镇洪坑村里管自然村4号、6号、8号，建于清代。建筑面积447.37平方米。整个建筑群包括大堂、居室、厨房。大门向内凹进，内八字清水墙。门罩砖砌，上枋饰彩画。大堂三间，前天井下明堂较宽，三间为厅，居室上下对堂，『回』字形跑马楼，下堂南厢内设楼梯。

奚荣丕、丁也花宅

位于黟县宏村镇际村，建于清代。坐北朝南，通面阔10.24米，通进深14.67米，占地面积150.2平方米。三开间上下厅带二厢中天井二层建筑。左、右厢侧耳门通厨房，后进照壁后上楼。三合土斜方格地面，木配件及隔扇制作精致。

溪永荣宅

位于黟县宏村镇际村，建于清代。坐西朝东，通面阔8.87米，通进深7.06米，占地面积62.6平方米。三开间带二厢有天井二层建筑。右厢耳门通外至厨房。

习勤堂

位于黟县宏村镇宏村，建于清代。坐北朝南，主体通面阔9.6米，通进深7.6米，占地面积138平方米，建筑面积270平方米。三开间二层建筑。

下门外厅屋

位于歙县深渡镇向丰村六联组，建于清代。坐北朝南，二进三开间上下对堂。后楼通面阔7.8米，通进深11.8米，占地面积92.04平方米。

下石鼓老宅

位于歙县王村镇王村，建于清末。坐东朝西，三进三开间砖木结构二层建筑。通面阔12.4米，通进深18.8米，占地面积244平方米。大厅横梁上有2块木雕及2只雀替。前进已倒，中后进毁坏严重。

下堂屋

位于歙县杞梓里镇外磻村，建于清代。一进三开间砖木结构二层建筑。通面阔7.26米，通进深11.9米，占地面积约86.39平方米。青石门楼饰以砖雕门罩。

夏德康宅

位于黟县宏村镇屏山村，建于清代。坐西北朝东南，通面阔9.8米，通进深8.51米，占地面积83.4平方米。前后进三开间带二厢二层建筑。照壁后上楼，右厢侧耳门通厨房。

夏广财宅

位于黟县碧阳镇石亭村，建于清代。坐北朝南，通面阔10米，通进深17.85米，占地面积178.5平方米。三进三开间带二厢二天井二层建筑。直铺木地板，隔扇门窗、横风窗等木、砖、石构配件雕刻精美。

夏海青、许美初宅

位于黄山区谭家桥镇中墩村下江组，建于晚清。二进三开间。占地面积164.63平方米，高约4.5米。木架结构穿斗式，水门汀地面，天井下明堂地沟式，板壁墙，前后两厢有阁楼，卷棚望板，有偷柱。后有檐屋。

夏雪荣宅

位于黟县碧阳镇星火村闾山组，建于清末。坐东朝西，通面阔10.05米，通进深7.65米，占地面积76.9平方米。三开间有天井砖木结构二层建筑。木构架承重，房屋木构架完整，砖制门楼完整。

夏炎生宅

位于黟县碧阳镇石亭村，建于清末。坐北朝南，通面阔9.8米，通进深8.1米，占地面积79.4平方米。一进三开间带二厢一天井二层建筑。天井下明堂铺『黟县青』地坪石。

夏银发宅

位于黟县碧阳镇关麓村潘村组，建于清代。坐北朝南，通面阔9.95米，通进深9.35米，占地面积93平方米。三开间带二厢砖木结构二层建筑。木构架承重，房屋构架完整，木构配件、隔扇门窗及砖门楼制作精致。

县衙正堂

位于黟县碧阳镇北街社区县政府大院内，始建于北宋宣和年间，清光绪初年知县陈德明重建。坐北朝南，通面阔13.6米，通进深13.4米，占地面积182平方米。歇山式方形建筑。飞檐翘角，正面4根立柱支撑梁头和额枋，正脊两端微翘。整体结构简朴。2008年被列为黄山市重点文物保护单位。

向长前宅

位于黟县碧阳镇南屏村，建于清代。坐东朝西，通面阔8.9米，通进深6.5米，占地面积57.9平方米。三开间带二厢有天井砖木结构二层建筑。木构架承重，隔扇门窗制作较好。

向阳路24号宅

位于歙县徽城镇中和街居委会打箍井街（旧称『向阳路』），建于清末。坐西朝东，通面阔3.9米，通进深12.9米，占地面积45.6平方米。厨房破损严重。

向阳路48号宅

位于歙县徽城镇中和街居委会打箍井街(旧称『向阳路』),建于清末。坐西朝东,二进三开间带天井砖木结构。通面阔15.8米,通进深19.5米,占地面积308.6平方米。格子门窗,斜撑木雕,主体为圆柱支撑。

项昌宏等宅

位于黄山区仙源镇老横街羊河组地段,建于清代。占地面积179平方米。三进三开间。穿斗式梁架,水门汀地面已损,天井下明堂平铺式,墙体风化,梁框架部分腐烂,木构件部分拆除,现存斜撑8个、梁袱4个,门窗已改动。第三进东西头有2个小方天井。

项道明宅

位于黟县碧阳镇南屏村，建于清代。坐西南朝东北，通面阔9.7米，通进深8.95米，占地面积86.8平方米。三开间砖木结构二层建筑。木构架承重。

项德友宅

位于休宁县白际乡结竹营村，建于清代。坐北朝南，一进三开间。占地面积71.61平方米。门罩简单无砖雕，墙体以砖石砌筑，木隔扇窗雕饰花草、喜鹊、梅花图案。无雀替、斜撑。

项发让宅

位于歙县王村镇王村上店自然村28号，建于清代。二进三开间木板结构二层店面。通面阔9.3米，通进深10.8米，占地面积100.44平方米。正面有12扇木板门，门两边由2米宽、1.5米高的石板砌成墙，上各有6扇木窗。门口有石板平台，比街道高1.5米。

项关大宅

位于歙县雄村镇义成村三组，建于清代。坐北朝南，二进三开间一天井二层建筑。通面阔12.1米，通进深9.15米，占地面积110.7平方米。有格子窗，有斜撑，有石础，边上有砖雕。

项广正宅

位于歙县富堨镇青山村石柱组，建于清代。坐北朝南，一进三开间二层建筑。通面阔9.65米，通进深14.6米，占地面积140.9平方米。下堂有厢房，天井下明堂两侧有廊，有屏门装隔。梁上有雕花。

项洪花宅

位于歙县雄村镇雄村山坞组，建于清代。坐西朝东，一进三开间二层建筑。通面阔9米，通进深6.7米，占地面积约60.3平方米。大门有简易门楼和漏窗，基本保存完好。

项建春、方立新宅

位于黄山区仙源镇龙山村大北门组，建于晚清。二进三开间。占地面积157.5平方米，高约5米。木架结构穿斗式，斜方格纹水门汀地面，天井下明堂地沟式，前进为白灰砖墙，后进为板壁墙，天棚望砖，卷棚偷柱。

项金堂宅

位于歙县王村镇八村文公舍264号、265号，建于明代。二进三开间砖木结构二层建筑。通面阔10.4米，通进深11.25米，占地面积117平方米。门口有2个麻石石鼓，外门楼有4块莲花雕。

项克思宅

位于黄山区仙源镇龙山村大北门组，建于清代。二进五开间。占地面积255平方米，高约5.5米。木架结构穿斗式，斜方格纹水门汀地面，天井下明堂地沟式，白灰砖墙，天棚望砖，卷棚偷柱。卷棚处有1对月梁，为双狮戏球，天井下明堂上檐有斜撑6个。

项凌文宅

位于休宁县齐云山镇岩脚村前村自然村，建于清代。坐北朝南，二进三开间。占地面积140平方米。门罩砖雕花草、土龙及『卍』字；一进地面铺红砂石，柱础方形，地袱石饰瑞兽，雀替雕土龙，斜撑雕花卉；二进雀替、斜撑雕土龙，木隔扇窗饰方格、梅花，裙板雕土龙、宝瓶、『百忍图』（局部），楼栏板外饰梅花、如意、仙鹤等。

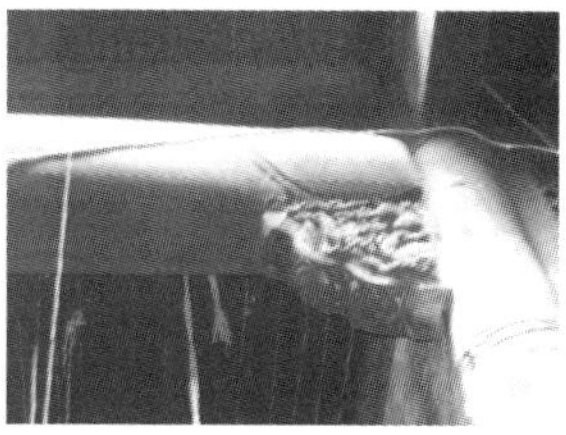

项千玲宅

位于歙县王村镇八村文公舍，建于清代。大门朝南，一进三开间砖木结构二层建筑。通面阔9.55米，通进深6.7米，占地面积63.99平方米。内外门楼有少量砖雕，有大冬瓜梁、雀替，有地袱6块，有窗格子栏杆。

项荣富宅

位于歙县雄村镇柘林村七组，建于清代。坐北朝南，二进三开间二层建筑。通面阔11.2米，通进深10.75米。西边有厢房，门楼有网格砖窗，门前有石鼓。厅堂两侧有花格板，有圆形石础。

项三八等宅

位于黄山区仙源镇龙山村黄家塘自然村，建于清代。一进五开间。占地面积181平方米。穿斗式梁架，内框架基本保存完好，水门汀地面全损毁。天井下明堂石条松动，有损坏，前墙体倾斜，大梁、屋脊腐烂，木构件有小月梁1对、斜撑4个。倚屋一进三开间并有阁楼。

项尚高宅

位于黟县碧阳镇柏山村榆村组，建于清代。坐西朝东，通面阔9.7米，通进深11.25米，占地面积109.1平方米。三开间带二厢上下厅中天井砖木结构二层建筑。隔扇门窗、横风窗制作较好。

项尚武宅

位于黟县碧阳镇柏山村榆村组，建于清末。坐北朝南，通面阔9.45米，通进深13.45米，占地面积127.1平方米。三开间上下厅中天井砖木结构二层建筑。

项胜发宅

位于歙县富堨镇青山村古村组，建于清代。坐北朝南，一进三开间二层建筑。通面阔9.8米，通进深10.1米，占地面积98.9平方米。下堂左边有厢房，开偏门，梁上有雕花。

项寿娣等宅

位于黟县宏村镇大同村黄村口组，建于清代。坐北朝南，通面阔13.95米，通进深12.52米，占地面积174.6平方米。五开间前后厅中天井二层建筑。左右厢耳门通偏房，左厢上楼。

项锡龙宅

位于黟县碧阳镇柏山村榆村组，建于清代。坐西朝东，通面阔9.7米，通进深11.25米，占地面积109.1平方米。三开间带二厢上下厅中天井砖木结构二层建筑。三合土地坪。

项霞仙居

位于歙县雄村镇雄村，建于清代。坐东朝西，一进三开间。通面阔11.1米，通进深6.6米，占地面积73.26平方米。无砖雕，有木花格。

项小根、邢忆来宅

位于黄山区仙源镇龙山村水关组，建于清代。二进三开间。占地面积141平方米，高约5米。木架结构穿斗式，斜方格纹水门汀地面，板壁墙，天棚望砖。

项永兴宅

位于黟县碧阳镇古黄村古筑组，建于清代。坐北朝南，通面阔9.25米，通进深6.35米，占地面积58.7平方米。三开间带二厢有天井砖木结构二层建筑。

项月娟宅

位于歙县溪头镇洪村口村，建于清末。坐东朝西，一进三开间楼房。通面阔10.1米，通进深10.6米，占地面积82平方米。保存基本完好，内部有简单雕刻。

项泽海宅

位于歙县王村镇八村公文舍，建于清代。通面阔10.2米，通进深19.5米，占地面积198.9平方米。大厅朝西，边门朝南。

项振东宅

位于黟县宏村镇宏村，建于清代。坐东朝西，主体通面阔13米，通进深12米，占地面积138平方米，建筑面积204平方米。三开间二层建筑。

肖立田宅

位于歙县雄村镇朱村十一组，建于清代。坐东朝西，二进三开间二层建筑。通面阔9米，通进深13.4米，占地面积120.6平方米。有格子门、格子窗、雕花斜撑、古式牌匾、冬瓜梁、梁柁，有方形石础和石鼓。

肖巧仙宅

位于歙县雄村镇朱村五组，建于清代。坐西朝东，一进三开间。通面阔10.3米，通进深9米，占地面积92.7平方米。有格子窗、网格门、斜撑、冬瓜梁、方形石础和望砖。

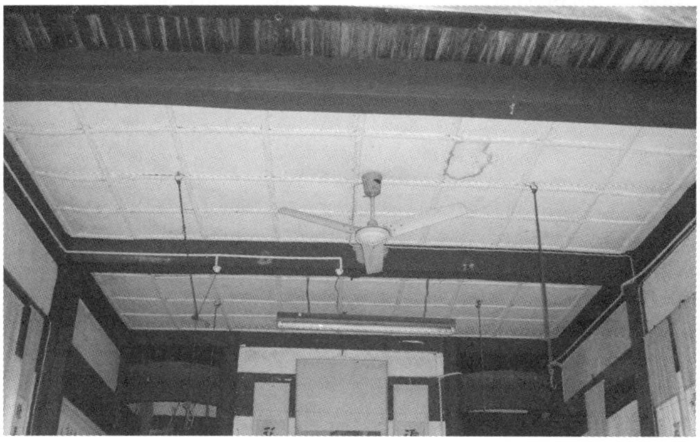

萧月友宅

位于歙县徽城镇新路村113号，建于清代。坐北朝南，一进三开间带天井。通面阔9.2米，通进深7.71米，占地面积71平方米。圆柱红漆，方梁。门罩有砖雕，天井下明堂两边均有门套。

小呆宝宅

位于歙县徽城镇渔梁街23-14号，建于清代。坐北朝南，二进三开间砖木结构二层建筑。通面阔9.13米，通进深10.39米，占地面积约95平方米。木门。

小姐楼

位于婺源县沱川乡理坑村25号、27号，建于清代。坐北朝南，属清代典型徽派商宅，正屋二进三开间砖木结构二层建筑。通进深10.4米，通面阔7.95米，由前院（花园）、厅堂、余屋三部分组成，内部地铺青石，厅堂中为天井，楼上有美人靠，天井下明堂四周梁枋、二楼门窗雕饰繁多。余屋为厨房，后门为券门。结构基本完整。2005年被列为婺源县重点文物保护单位。

孝友堂

位于歙县杞梓里镇外磻村，建于清末。二进三开间砖木结构二层建筑。通面阔7.8米，通进深15.6米，占地面积约121.68平方米。有门楼，内部有雕刻。

孝友堂

位于歙县三阳镇三阳村，建于清代。坐西朝东，二进三开间。通面阔9.65米，通进深13.35米，占地面积128.76平方米。后进有两层楼，门楼有砖雕。

谢爱季宅

位于徽州区富溪乡富溪村漕溪自然村30号，建于清代。建筑面积295.24平方米。四合式砖木结构二层建筑。前进下堂明间为大门通道，两边为厢房，天井下明堂平铺式，青石板铺地，两庑无装修，东庑有门通东边房屋。4根檐柱柱头有雕花人物斜撑，皮门装修。

谢宝安宅

位于黄山区谭家桥镇长罗村弥沟湾组，建于清道光年间。占地面积239.4平方米。二进五开间。木架结构穿斗式，水磨石地面，天井下明堂平铺式，板壁墙，内框架基本完整。有斜撑8个、梁袱6个。

谢长圭宅

位于歙县许村镇前村西力坞组006号，建于清代。坐西朝东，一进三开间楼房。通面阔9.3米，通进深7.2米，占地面积66.96平方米。结构简单，明间为堂，楼梯设于照壁后，无雕刻，格子窗基本完整。

谢成国、程善根宅

位于黟县碧阳镇赤岭村，建于清代。坐东朝西，通面阔9.65米，通进深8.2米，占地面积79.1平方米。三开间带二厢有天井砖木结构二层建筑。木构架承重。

谢春松宅

位于徽州区呈坎镇汪村三组，建于清代。坐东朝西，建筑面积91.9平方米。三开间二层建筑。明间大方砖正铺地，两次间为住房。楼上亦三间分割，明间为厅，两次间为房。方砖铺地，屋面有望砖。

谢大正宅

位于徽州区呈坎镇汪村五组，建于清代。坐西朝东，建筑面积87.3平方米。三开间二阁厢二层建筑。正屋三间，明间为厅，次间为房。楼上全部小格子门，屋面饰望板，前檐柱头装夔龙斜撑，楼下柱头饰『和合二仙』斜撑。

谢德明宅

位于徽州区呈坎镇汪村三组，建于清代。坐西朝东，建筑面积195.55平方米。二进三开间二层建筑。前堂为一脊翻两堂，明间为厅，两次间为房。后进三间，明间为厅，两次间为房。楼上走马楼，小格子门装饰，屋面有望砖。

谢德志、吴其良宅

位于徽州区杨村乡杨村80号，建于清代。建筑面积123.91平方米。二进三开间砖木结构二层建筑。前进明间为大门通道，西厢辟为住房，中为天井。后进为主房，明间为客厅，次间为住房，明间上下廊柱头装饰倒爬狮，围风窗格子玲珑剔透。

谢峰回宅

位于徽州区富溪乡富溪村28号，建于清代。建筑面积248平方米。四合式砖木结构二层建筑。上堂明间为厅堂，两次间辟为住房。楼层四周皮门装修，无雕饰。屋顶无望，沿天井下明堂四周檐口有飞檐，有望板。大门罩保存较好，有雕刻。

谢凤翔宅

位于黄山区永丰乡永丰村上升组，建于清代。占地面积131平方米，高约5.2米。二进三开间。斜方格纹水门汀地面，天井下明堂平铺式，板壁墙。

谢根全宅

位于黄山区甘棠镇甘棠社区东边组，建于清代。为槐公宗偏房。占地面积131平方米，高约5米。左厢有一附属偏房。木架结构穿斗式，水门汀地面，天井下明堂地沟式，白灰墙，天棚望砖。

谢光明宅

位于黄山区甘棠镇庄里村刘村自然村，建于清代。二进三开间。占地面积172.73平方米。硬山式屋顶。分前后堂。水泥地面，青泥花砖、墙，天棚有望砖。

谢国成宅

位于徽州区呈坎镇汪村三组，建于清代。坐北朝南，建筑面积203.1平方米。二进三开间二层建筑。进门为下堂，脊前为门厅。上堂三间，明间为厅，两次间为房。楼上走马楼，全部矮格子门装修，有望板。

谢海清等宅

位于休宁县流口镇流口村泉坑自然村东北角，建于清代。坐西北朝东南，四合式布局。占地面积114.75平方米。门罩砖雕花卉，另有绘画；地面铺青石板，柱础方形，地袱石饰花卉、瑞兽及如意；雀替雕人物、松鹿等并髹饰金粉；木隔扇窗饰方格，裙板雕土龙及『寿』字、如意。

谢家厅

位于祁门县城西大街28-1号，又称谢家大屋，建于明嘉靖年间，清代依原式重修。坐北朝南，二进砖木结构二层建筑。建筑面积约380平方米。建筑呈正方形，由前院、门楼、前厅、后厅等组成。2003年被列为祁门县重点文物保护单位。

谢建平宅

位于徽州区呈坎镇汪村七组，建于清代。坐西朝东，建筑面积161.1平方米。三开间二天井砖木结构二层建筑。大门门罩饰有精美砖雕。正屋三间起楼，大方砖铺地，矩形梁，金柱柱头有雕刻斜撑，楼层皮门装修，上部为小隔扇门，楼上三间，明间为厅，次间为住房。保存较完整。

谢金生宅

位于黟县碧阳镇关麓村，建于晚清。坐南朝北，通面阔10.85米，通进深11.95米，占地面积129.7平方米。三开间上下对堂中天井砖木结构二层建筑。木构架承重，房屋整体完整，木构配件、隔扇等雕刻精美，保存完好。

谢克胜宅

位于黄山区永丰乡永丰村劳武组，建于清代。门向西，一进三开间。占地面积56.68平方米，高约5.7米。木架结构穿斗式，斜方格纹水门汀地面，板壁墙，天棚望板。

谢立远宅

位于休宁县万安镇万新村上武洪组（古城岩西南方1000米处），建于清代。坐北朝南，四合式布局。占地面积114.07平方米。柱础方形，檐柱承托冬瓜梁。雀替雕刻草龙图案，木隔扇窗饰方格，裙板刻蝙蝠及变形『寿』『卍』字图案，上书『宣统元年』四字。

谢立忠、谢立标宅

位于歙县许村镇前村二组098号，建于清代。坐南朝北，二进三开间楼房。通面阔8.2米，通进深14.1米，占地面积115.6平方米。结构简单。

谢利民宅

位于徽州区富溪乡碣石村，建于清代。坐北朝南，建筑面积180平方米。面阔三间，形成一个楼内天井。西厢开边门通厨房，主楼靠山墙面皆散板装修，靠天井下明堂置隔扇及窗栏板，楼下厢房内有暗阁。建筑风格独特，工艺考究。

谢六三二号宅

位于黟县碧阳镇南屏村，建于清代。坐东南朝西北，通面阔8.1米，通进深4.95米，占地面积40.1平方米。三开间带二厢有天井砖木结构二层建筑。

谢六三一号宅

位于黟县碧阳镇南屏村，建于清代。坐西朝东，通面阔10.2米，通进深12.15米，占地面积123.9平方米。三开间带二厢上下厅中天井砖木结构二层建筑。木构架承重，木构及木装修制作较好。

谢荣华宅

位于黟县碧阳镇南屏村，建于清同治年间。坐南朝北，通面阔10.7米，通进深9.25米，占地面积99平方米。三开间带二厢有天井砖木结构二层建筑。木构架承重，制作精致。

谢胜时宅

位于歙县徽城镇渔梁街102–11号，建于清代。坐北朝南，一进三开间砖木结构二层建筑。通面阔9.8米，通进深12.85米，占地面积约122平方米。楼上格子窗。

谢石鸡等宅

位于黄山区汤口镇芳村，建于清代。占地面积69.35平方米，高6.5米。一进三开间跑马楼式二层建筑。一层高于二层。木架结构穿斗式，木板地面，板壁墙，方柱方梁。

谢讨饭等宅

位于黄山区汤口镇芳村下门自然村，建于清代。占地面积71.175平方米，高约6.5米。一进三开间跑马楼式二层建筑。原为偏房。木架结构穿斗式，圆柱方梁，一层高于二层，水门汀地面，平铺式天井，板壁墙，封檐望板。

谢万里宅

位于黟县碧阳镇南屏村，建于清代。坐北朝南，通面阔9.03米，通进深5.95米，占地面积53.7平方米。三开间砖木结构二层建筑。木构架承重。

谢小鸭宅

位于徽州区富溪乡长坞村胜利组，建于清代。坐西朝东，建筑面积139平方米。三开间带二厢上下对堂。一明两暗，临天井向厢房，窗扇及栏板皆有雕刻，两廊隔扇门，挂落及斜撑雕有人物等图案。

谢雪珠宅

位于徽州区富溪乡富溪村一组，建于清代。坐东北朝西南，建筑面积716.7平方米。二进三开间砖木结构楼房。小四合院，正面看为并排两幢。正屋在东边，有边门通往西屋，东屋装饰华丽，西屋简单，曾为茶叶作坊。

谢以新宅

位于徽州区富溪乡长坞村集心组，建于清代。坐南朝北，建筑面积141.3平方米。三开间上下对堂。青石门套，上施精致门罩。进门即为下堂北廊过厅，上下堂明间为厅，中天井。临天井向厢房窗扇、窗栏板、两廊隔扇、天井下明堂檐口斜撑都有精致雕刻。

谢远来、谢远富宅

位于黟县碧阳镇柏山村潘村组，建于清代。坐北朝南，通面阔9.8米，通进深10.15米，占地面积99.5平方米。三开间带二厢有天井砖木结构二层建筑。

谢正安宅

位于徽州区富溪乡富溪村28号，又名『慎裕堂』，建于清代。建筑面积248平方米。四合式带厢房中天井砖木结构二层建筑。前廊门厅明间为大门通道，两边为厢房，东庑有楼梯上前厅，梯上有门通东边两屋。2008年被列为徽州区重点文物保护单位。

谢正芳、谢玉芳宅

位于黄山区永丰乡永丰村劳武组北部，建于清嘉庆年间。门向东北，一进三开间。占地面积121平方米，高约6.3米。木架结构穿斗式，斜方格纹水门汀地面，天井下明堂地沟式，板壁墙，圆柱方梁。天棚顺铺式望板。

谢正君宅

位于徽州区西溪南镇琶村田干自然村一组，建于清代。坐西朝东，建筑面积126.29平方米。二进三开间二层建筑。前进为三间显厅，后进三间，明间为厅，次间为房，柱头有夔龙斜撑。楼上为走马楼，前后进可通，三间分割，木装修，屋面有望板。

谢正茂宅

位于黄山区汤口镇芳村，建于清代。占地面积99.17平方米，高约7米。一进三开间跑马楼式二层建筑。一层高于二层。木架结构穿斗式，木板铺设地面，天井下明堂平铺式，板壁墙，圆柱方梁，封檐望板，格子门窗。斜撑残存2个。门罩砖雕。

谢志鹏宅

位于黟县碧阳镇南屏村，建于清代。坐南朝北，通面阔9.8米，通进深7.7米，占地面积75.5平方米。三开间带二厢有天井二层建筑。木构配件及隔扇门窗、横风窗等制作较精致。

谢志中宅

位于徽州区呈坎镇汪村七组，建于清代。坐西朝东，建筑面积161.1平方米。二进三开间二层建筑。正屋三间，明间为厅，次间为房。楼上为小隔扇门，三间分割，明间为厅，次间为房。大门门罩饰有精美砖雕，保存完整。

心耕堂

位于歙县霞坑镇洪琴村下门自然村，建于清代。坐东南朝西北，一进三开间二层建筑。通面阔9.2米，通进深7.7米，占地面积70平方米。有简易门楼，内部梁柁、斜撑、雀替等构件有雕刻。

欣所遇斋

位于歙县郑村镇棠樾村，建于清嘉庆年间，清两淮盐运总商鲍志道之弟鲍启运故宅。属正房『遵训堂』的偏厅，分为南、北两部分，南为欣所遇斋，北为存养山房，皆三合式二层建筑。总占地面积418.8平方米。书斋与山房中间用一屏极大的花墙相隔，漏窗面积达18.53平方米。书斋三开间，坐北朝南。通面阔14.21米，通进深14.45米，楼下为厅，悬『欣所遇斋』匾额，取自《兰亭集序》，为清书法家胡长庚篆书。2013年被列为全国重点文物保护单位。

新屋里

位于黄山区三口镇白果树村竹园组，建于清末。占地面积525.23平方米。由3个建筑组成，主宅为二进三开间，前有『八』字门楼，南北侧为2个一进五开间倚屋。木架结构穿斗式，水门汀地面，天井下明堂地沟式，板壁墙，天棚望砖。柱多为白果木，梁、椽、檐为松木。

性善堂

位于婺源县清华镇洪村长巷边，现为洪德宝宅，建于清代。占地面积约200平方米。木构件为上等楠木和紫檀木，雕刻图案种类繁多，繁复精美。2005年被列为婺源县重点文物保护单位。

熊国民宅

位于黟县碧阳镇古黄村古筑组，建于清代。坐北朝南，通面阔8.7米，通进深7.35米，占地面积63.9平方米。三开间带二厢有天井砖木结构二层建筑。

休宁中学校史馆

位于休宁县万安镇休宁中学内，建于清代。占地面积798平方米。原为清代万安新塘村任氏『怀永堂』房产『白果厅』（用料为白果木）一部分，民国三年（1914）六月被休宁中学前身『省立二师』购作部分校舍，曾作为饭厅，20世纪90年代被改建成校史馆。坐南朝北，共三进。斜撑雕刻缠枝花卉和牡丹花卉，寝楼有花窗，木隔扇窗饰方格图案。2012年被列为黄山市重点文物保护单位。

修德堂

位于黟县西递镇西递村，建于清康熙年间。坐北朝南，通面阔9.8米，通进深24米，占地面积215平方米。呈南北中轴线对称分布，三进三开间二层建筑。前进门楼，中进大厅，后进厅堂，有附属建筑厨房、院落、巷道等。抬梁穿斗并用式梁架。用料考究，在主体构架上用料硕大，楼层与次要建筑用料纤巧，整体建筑形制规整，气势宏大。2001年被列为全国重点文物保护单位。

修睦堂

位于黟县西递镇西递村，建于清代。坐东朝西，通面阔10米，通进深7.8米，建筑面积193.4平方米，占地面积121.6平方米。三开间二层建筑。

秀华堂

位于黟县西递镇西递村下水口附近，建于清光绪年间。坐东北朝西南，占地面积395.9平方米。三幢楼房呈一字形由东北朝西南排开，秀华堂为主楼居中。

徐爱娟宅

位于歙县徽城镇南街中山巷9号，建于清代。坐东朝西，三进三开间。通面阔11.7米，通进深21.6米，占地面积254平方米。后堂窗户雕有孔雀、牡丹，形象鲜明，后堂之后有后院。门楼砖雕较为精致。

徐爱兰等宅

位于歙县北岸镇呈村降村留村自然村，建于清代。坐北朝南，一进三开间。通面阔10米，通进深8.5米，占地面积85平方米。门楼无砖雕，内有部分木雕。

徐爱英宅

位于黄山区谭家桥镇中墩村桐干组，建于晚清。二进三开间。占地面积约109.98平方米，高约5米。前院偏房已毁，前后有阁楼，中柱直接到顶，木架结构穿斗式，水门汀地面，天井下明堂地沟式，板壁墙。

徐爱玉、舒新华宅

位于黟县宏村镇屏山村，建于清代。坐北朝南，通面阔10.9米，通进深10.6米，占地面积115.5平方米。二进三开间中天井二层建筑。左厢耳门通外巷道。

徐成启宅

位于黟县碧阳镇柏山村江柏山组，建于清代。坐西朝东，通面阔10.1米，通进深9.05米，占地面积91.4平方米。三开间砖木结构二层建筑。有彩绘天棚，木构架、木装修及雕刻较好。

徐春来、姚金瑞宅

位于歙县富堨镇承狮村富溪组，建于清代。坐北朝南，东西并列二进三开间二层建筑。东进边门朝东，通面阔8.04米，通进深10.4米，占地面积83.6平方米。下堂有厢房。西进边门朝西，通面阔9米，通进深10.4米，占地面积93.6平方米。下堂有厢房，梁上有雕花。

徐达增宅

位于歙县溪头镇洪村口村汪岔自然村，建于清代。坐东朝西，三天井三厢一院。通面阔19.2米，通进深22.2米，占地面积426.24平方米。外表美观，整体大方，别墅型的徽派建筑，屋内构件精致，是溪头镇典型的古民居之一。梁柱、栅门均有木雕。

徐大庆等宅

位于休宁县流口镇流口村流一组57号，建于清代。占地面积185.79平方米。前店后宅布局，木隔扇窗饰方格。

徐大社宅

位于歙县雄村镇庄源村八组，建于清代。坐东朝西，一进三开间。通面阔8.55米，通进深5.74米，占地面积49.1平方米。有简易门楼。结构简单。

徐殿俊宅

位于歙县雄村镇夏坑村，建于清代。坐东朝西，二进三开间二天井。通面阔8.4米，通进深16.15米，占地面积135.66平方米。大门有门楼、格子窗。有斜撑。

徐富宝等宅

位于黄山区谭家桥镇东黄山村文雅组，建于清代。占地面积296平方米。二进三开间二天井跑马楼式建筑。门向改动，左厢有倚屋一间，高约5.5米。木架结构穿斗式，三合土地坪，天井下明堂地沟式，板壁墙，天棚望砖，有偷柱。

徐根宝宅

位于黄山区三口镇巷联村下孙组，建于清末。二进五开间。占地面积292.4平方米，高约6.5米。木架结构穿斗式，水门汀地面，天井下明堂地沟式，板壁墙，天棚卷棚望砖。

徐根生宅

位于歙县雄村镇庄源村八组，建于清代。坐北朝南，一进三开间。通面阔9.65米，通进深6.56米，占地面积63.3平方米。有简易门楼、石础。结构简单。

徐观富宅

位于歙县雄村镇庄源村，建于清代。坐北朝南，一进三开间二层建筑。通面阔5.96米，通进深7.43米，占地面积44.3平方米。有石础。结构简单。

徐观富宅

位于歙县徽城镇渔梁街31号，建于清代。坐北朝南，二进三开间二层建筑。通面阔6.68米，通进深27.06米，占地面积180.76平方米。木质红漆土墙结构。格子镶玻璃门窗。圆柱方墩支撑。进门有过道，中间有门套，斜撑雕刻人物，细致生动。门窗也有简单木雕。

徐国平、陈静荪宅

位于黟县西递镇西递村，建于清代。坐北朝南，通面阔9米，通进深9.6米，占地面积86.4平方米，建筑面积120平方米。三开间二层建筑。

徐国正等宅

位于黄山区三口镇白果树村大柱里组，建于晚清。二进三开间。占地面积128.26平方米，高约5.5米。木架结构穿斗式，水门汀地面斜方格纹，后中堂饰有长方形蝙蝠、双钱、双『寿』字图案。天井下明堂地沟式，板壁墙，天棚望砖。有斜撑8个。柱多为白果木，梁、椽、袱多为松木。

徐灰苟宅

位于歙县许村镇许村青山头自然村，建于清末。坐北朝南，二进三开间楼房。通面阔6.45米，通进深10.4米，占地面积68平方米。有6块简易砖雕，内部斜撑、梁柁等构件有雕刻。

徐家老宅

位于徽州区西溪南镇西溪南村前街，建于明末。坐北朝南，建筑面积272平方米。二进三开间一脊翻两堂三层建筑。大门木板钉方砖，正屋脊前、脊后都为三间，脊前明间为厅，两次间为住房。楼上脊前和脊后各分三间。

徐建峰等宅

位于黟县碧阳镇钟山村乌林组，建于清末。坐西朝东，通面阔10.25米，通进深16.95米，占地面积173.7平方米。二进三开间砖木结构二层建筑。

徐建华、葵章龙宅

位于黟县碧阳镇钟山村石屏组，建于清代。坐西南朝东北，通面阔9.75米，通进深8.75米，占地面积85.3平方米。三开间带二厢有天井砖木结构二层建筑。隔扇、木构配件、横风窗及门楼制作较好。

徐建平宅

位于歙县雄村镇夏坑村，建于清代。坐北朝南，二进三开间一天井。通面阔11.3米，通进深14.65米，占地面积165.55平方米。门楼砖雕，雕有花草。

徐剑文宅

位于歙县徽城镇渔梁街26号，建于清末。坐西南朝东北，二进一开间砖木结构二层建筑。通面阔4.4米，通进深12.9米，占地面积约57.8平方米。

徐金泉宅

位于歙县徽城镇程家坞村，建于清代。坐东北朝西南，一进三开间砖木结构二层建筑。通面阔8.6米，通进深6.36米，占地面积54.7平方米。

徐金水宅

位于徽州区西溪南镇西溪南村双桥组，建于清代。坐南朝北，建筑面积144平方米。二进三开间二层建筑。均明间为厅，两次间为房。楼上同样三间分割，明间为厅，两次间为房。后进二楼上有暗阁。

徐金湘等宅

位于歙县许村镇跳石村竹溪组，建于清代。坐东朝西，一进三开间楼房。通面阔10米，通进深6.3米，占地面积63平方米。

徐锦和宅

位于歙县富堨镇徐村下街组，徐谦祖宅，建于明末。坐北朝南，二进三开间楼房。通面阔8.1米，通进深11.2米，占地面积90.7平方米。梁上有雕花。

徐可仁宅

位于徽州区西溪南镇西溪南村双桥组，建于清代。坐西朝东，建筑面积80平方米。三开间带二厢二层建筑。正屋三间，明间为厅，两次间为房，柱头有夔龙斜撑。楼上三间分割。

徐礼斌宅

位于黟县碧阳镇古黄村黄村组，建于清代。坐北朝南，通面阔9.2米，通进深7.85米，占地面积72.2平方米。三开间带二厢有天井二层建筑。隔扇门窗、横风窗等木构配件和砖雕门楼保护较好。

徐立辉宅

位于歙县上丰乡屯田村外屯自然村，建于清代。坐东朝西，一进三开间楼房。通面阔4.7米，通进深5.9米，占地面积27.2平方米。

徐连明宅

位于歙县雄村镇庄源村，建于清代。坐北朝南，一进三开间。通面阔4.44米，通进深5.73米，占地面积25.4平方米。

徐隆茂宅

位于徽州区岩寺镇下街居委会联丰组，建于清代。坐北朝南，建筑面积172平方米。一进三开间二层建筑。前为小四合院，正屋为一大显厅，前檐柱与金柱之间上置轩棚，较高敞，轩上覆望板，前檐有腰檐。楼上三间分割，坎上装格子门。

徐律令宅

位于休宁县璜尖乡徐家村紧邻公路处，建于清代。坐东北朝西南，四合式布局。占地面积70.94平方米。墙体由鹅卵石垒砌，柱础呈圆鼓状，大梁方形，斜撑分别雕刻马、鸡、树木等图案。

徐南山宅

位于歙县雄村镇庄源村八组，建于清代。坐东朝西，一进三开间。通面阔9.51米，通进深6.05米，占地面积57.5平方米。有简易门楼、石础。结构简单。

徐培生宅

位于歙县雄村镇庄源村，建于清代。二进三开间带天井。通面阔10.7米，通进深13.95米，占地面积149.3平方米。有石础，结构比较简单。

徐巧仙宅

位于歙县北岸镇呈村降村留村自然村，建于清代。坐北朝南，一进三开间。通面阔10.6米，通进深8.5米，占地面积90.1平方米。门楼有砖雕，部分木雕被盗，较精美。

徐秋华宅

位于歙县徽城镇南源口村小梅口自然村，建于清代。坐北朝南，一进三开间砖木结构二层建筑。通面阔9.6米，通进深7.2米，占地面积约69.1平方米。大门有砖雕门楼。

徐荣花宅

位于歙县雄村镇庄源村八组，建于清末。坐南朝北，一进三开间二层建筑。通面阔8.96米，通进深6.89米，占地面积61.7平方米。有天窗、石础，有格子窗和门楼。有门窗，已改建。

徐尚李等宅

位于歙县雄村镇夏坑村，建于清代。坐东朝西，一进三开间带天井二层建筑。通面阔15.55米，通进深8.8米，占地面积136.84平方米。有格子窗，有雕花雀替、雕花斜撑，有圆形石柱础，有厢房。

徐身湘宅

位于歙县富堨镇徐村上街组，建于清代。坐西北朝东南，一进三开间。通面阔9.23米，通进深7.72米，占地面积71平方米。内部斜撑等构件有简易雕刻。

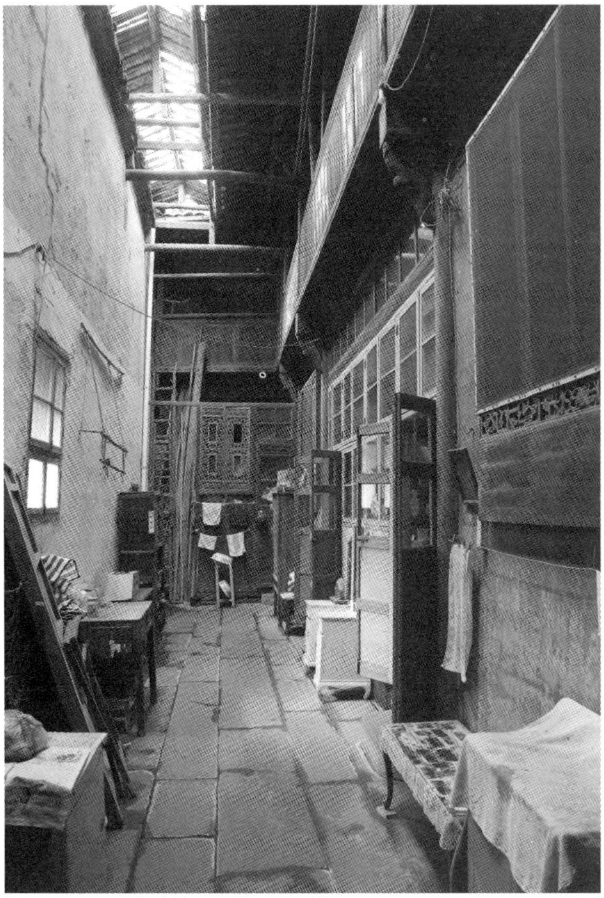

徐淑琴宅

位于休宁县海阳镇齐宁社区霞屏巷45号，建于清代。坐东朝西，一进五开间。占地面积98.6平方米。地面铺红砂石板，斜撑雕如意、绣球。木隔扇窗装饰花卉，裙板饰芭蕉叶，地袱石装饰花卉及『卍』字。

徐双宝宅

位于黟县碧阳镇古黄村黄村组，建于清末。坐北朝南，通面阔10.2米，通进深10.1米，占地面积103平方米。一进三开间一天井砖木结构二层建筑。木构架保护尚好，砖雕门楼保存较完整，做工较精致。

徐小力等宅

位于歙县徽城镇古关村，建于清代。坐北朝南，三进。通面阔9.4米，通进深24米，占地面积224平方米。

徐小妹宅

位于歙县徽城镇渔梁街92-50号，建于清末。坐北朝南，通面阔4.14米，通进深10.9米，占地面积45平方米。砖木结构二层建筑。门框为青石制成，台阶为青石铺就，圆柱横梁。

徐宣荣宅

位于黟县西递镇西递村株林一组，建于清末。坐北朝南偏东，通面阔9.44米，通进深11.35米，占地面积107.1平方米。三开间带二厢上下厅中天井二层建筑。右厢上楼，左厢侧耳门通内院，院内进厨房。横风窗较完整。

徐宜贞宅

位于休宁县海阳镇齐宁社区里仁巷17号，建于清代。坐西朝东，一进三开间。占地面积70.7平方米。门罩砖雕花卉、变形『寿』字，柱础方形，雀替雕松树、花卉、土龙。

徐贻斌宅

位于黟县宏村镇屏山村，建于清代中期。坐北朝南，通面阔8.89米，通进深8.79米，占地面积78.1平方米。三开间带二厢有天井二层建筑。左厢侧耳门通外巷道。

徐移来等宅

位于歙县许村镇许村东沙组，建于清代。坐东朝西，二进三开间楼房。通面阔9.8米，通进深14.1米。有天井，窗及窗栏已毁，斜撑木雕人物被破坏，瓦下盖有小方砖。门楼有砖雕，不完整。

徐亦涛宅

位于歙县昌溪乡昌溪村红旗自然村庙下店街上，建于清代。坐东北朝西南，一进三开间二层建筑。通面阔5米，通进深4.9米，占地面积24.5平方米。无木雕，楼梯位于左后角。

徐英葵宅

位于黟县碧阳镇南屏村，建于清代。坐南朝北，通面阔9.8米，通进深7.2米，占地面积70.6平方米。三开间带二厢有天井砖木结构二层建筑。

徐英民宅

位于黟县碧阳镇古黄村黄村组，建于清末。坐北朝南，通面阔9.2米，通进深7.55米，占地面积63.9平方米。一进三开间一天井二层建筑。门楼保存一般，木构架保存尚好。

徐英平宅

位于黟县碧阳镇古黄村黄村组，建于清末。坐西朝东，通面阔9.4米，通进深12.3米，占地面积115.6平方米。一进三开间一天井二层建筑。天花板有彩绘，照壁后上楼，隔扇门窗基本保存完好。

徐英群宅

位于黟县碧阳镇南屏村，建于清末。坐西南朝东北，通面阔9.65米，通进深7.7米，占地面积74.3平方米。三开间带二厢有天井二层建筑。木构架及木装修制作较好。

徐英文宅

位于黟县碧阳镇星火村闾山组，建于清代。坐北朝南，通面阔9.1米，通进深10米，占地面积91平方米。三开间有天井砖木结构二层建筑。木构架承重，木构架、装修较完整，构配件、隔扇等完好。

徐应珍宅

位于黟县碧阳镇南屏村，建于清代。坐西南朝东北，通面阔9.3米，通进深6.55米，占地面积61平方米。三开间带二厢有天井砖木结构二层建筑。木构架承重。

徐园林、翟达鑫宅

位于黄山区新丰乡新丰老街北部，建于清代。门向南，占地面积200平方米，高约6.9米。徐园林宅为主宅，二进三开间，翟达鑫宅为附宅，一进三开间，二宅东西相连，翟达鑫宅在东侧。徐园林宅，木架结构穿斗式，水门汀地面，天井下明堂平铺式方形，板壁墙，走马楼式阁楼，圆柱方梁。东南角为圆角。

徐灶来宅

位于黟县宏村镇屏山村，建于清末。坐南朝北，通面阔13.3米，通进深9.89米，占地面积131.5平方米。三开间带二厢有天井二层建筑。左厢侧耳门通厨房，右厢侧耳门通外巷道。砖、木、石构配件及装修等保存完整，工艺精湛，造型生动。

徐志良宅

位于歙县雄村镇庄源村，建于清代。坐北朝南，一进三开间带天井。通面阔10.3米，通进深8.5米，占地面积87.55平方米。有小冬瓜梁、石础，有格子窗。

许宝美宅

位于歙县许村镇许村金村自然村024号，建于清代。坐北朝南，二进三开间二层建筑。通面阔8.8米，通进深11.3米，占地面积96平方米。结构似厅房，楼下无房间。

许宝玉宅

位于歙县许村镇许村西沙自然村，建于清代。坐西朝东，一进三开间楼房。通面阔8.9米，通进深8.1米，占地面积72.09平方米。原天井已盖瓦。大门上方有漏窗。

许斌宅

位于歙县雄村镇雄村山根组9号，建于清代。坐西朝东，一进三开间二层建筑。通面阔9.4米，通进深5.3米，占地面积49.82平方米。内外结构保存尚好。大门有门楼。

许晨岚宅

位于徽州区呈坎镇呈坎村南，建于清代。坐西朝东，建筑面积75平方米。三开间带二厢二层建筑。明间为厅，边间为厨房，楼梯设于照壁后，有斜撑雕刻，屋面檐口铺望板，飞椽，两厢房已改作玻璃扇。

许承钧宅

位于徽州区潜口镇唐模村水街，建于清代中期。建筑面积251.9平方米。三开间一脊翻两堂前后二天井砖木结构二层建筑。大门不开在正面，从前厅两厢进厅。明间为厅，两次间为住房。楼上三间明间为厅，次间为房。

许承让宅

位于歙县许村镇许村高阳自然村，建于清代。坐东朝西，一进三开间。通面阔10.3米，通进深9.8米，占地面积100平方米。建筑内部窗栏、斜撑等构件有雕刻。

许承旺等宅

位于歙县许村镇许村高阳自然村066号、067号、068号，建于清代。坐东朝西，三进三开间二层建筑。通面阔10.6米，通进深24.3米，占地面积257平方米。门楼有简易砖雕，内部隔扇门、窗栏、斜撑等构件有精美雕刻，部分雕刻被破坏。

许承尧故居

位于徽州区潜口镇唐模村西，建于清末。坐北朝南，建筑面积343.57平方米。二进三开间带偏屋，前进两层，后进三层。正屋大堂为三间显厅，前进一脊翻两堂。后进三间，明间为厅，次间为房。2012年被列为黄山市重点文物保护单位。

许崇仁宅

位于黟县宏村镇屏山村，建于清代早期。坐西朝东，通面阔9.5米，通进深6.58米，占地面积62.5平方米。三开间中厅边房二层建筑。后檐墙后设通道上楼，左边通厨房。

许传汉宅

位于绩溪县家朋乡磡头村14号左侧，建于清代中后期。坐西北朝东南，占地面积82平方米。一进三开间二层建筑。东西厢房，前檐设一天井，撑拱承挑出檐，抬梁穿斗并用式梁架，三合土地坪，外围封火墙，室内的雀替雕有动物、树木，较精致。

许村卫生院

位于歙县许村镇许村高阳自然村，建于清代。坐东朝西，二进三开间。通面阔8.5米，通进深12.5米，占地面积106平方米。前进大门有房间，后进无房间，大门左边4扇格子门较完整。

许大定宅

位于歙县许村镇许村前溪自然村119号，建于清代。坐西朝东，二进三开间带天井楼房。通面阔11.2米，通进深9.9米，占地面积111平方米。楼房北面有一过厅，过厅大门为砖砌『八』字墙。正屋大门开在天井北廊，砖雕门罩，上有2扇精致的清水砖窗户。

许大杰宅

位于歙县许村镇许村金村自然村二组094号，建于清代。坐西朝东，一进三开间楼房。通面阔8.5米，通进深6.6米，占地面积56.1平方米。无雕刻。

许道军宅

位于绩溪县家朋乡磡头村听泉楼46号右侧，建于清代晚期。坐东南朝西北，占地面积147平方米。一进三开间二天井二层建筑。前后通转，抬梁穿斗并用式梁架，外砌封火墙，室内木构件雕刻精美。

许德宝宅

位于歙县许村镇许村东沙自然村028号，建于清末。坐西朝东，一进三开间二层建筑。通面阔9.1米，通进深6.7米，占地面积61平方米。结构简单，内部窗栏等构件有雕刻。

许德辉宅

位于歙县许村镇许村环泉自然村135号，建于清代。坐南朝北，三进三开间二层建筑。通面阔9.9米，通进深18.8米，占地面积186平方米。现存中、后进，中进为厅房，较高。窗栏底部木雕保存较好，梁枋完整。

许德利宅

位于歙县徽城镇就田村，建于清代。坐北朝南，一进三开间一天井二层建筑。通面阔6.6米，通进深9.3米，占地面积61平方米。有木雕，曾改建。

许德意宅

位于歙县雄村镇朱村，建于清代。坐北朝南，二进三开间二层建筑。通面阔9.8米，通进深12.5米，占地面积122.5平方米。门楼砖雕有花草、乌鱼等图案。内有花窗，斜撑等构件有雕刻。

许定波、许绍忠宅

位于歙县许村镇许村金村自然村031号，建于明代。坐西朝东，二进三开间二层建筑。通面阔9.1米，通进深11.38米，占地面积103平方米。大门开在边侧，内部梁架简单。

许定定宅

位于歙县雄村镇朱村，建于清末。坐北朝南，一进三开间二层建筑。通面阔3.7米，通进深10.2米，占地面积37.7平方米。有简易门楼，内部结构简单。

许冬娟宅

位于徽州区岩寺镇永兴社区，建于清代。坐南朝北，建筑面积786.52平方米。一进三开间三层建筑。正屋明间为厅，两次间为住房。楼上三间分割，两厢到二层为止，上覆一披水，正屋为三层。

许敦进、许敦仁宅

位于歙县许村镇许村古山下自然村009号，建于清代。坐西朝东，二进三开间楼房。通面阔8.8米，通进深11.2米，占地面积99平方米。门楼有简易砖雕，内部斜撑、窗等构件有雕刻。

许丰全宅

位于祁门县历口镇许村许一组。坐北朝南，三开间三厅六房带四厢走马楼式砖木结构二层建筑。通面阔 10.6 米，通进深 22.1 米，占地面积 234 平方米。前有院子，正屋砖制双面门楼，前后均设有天井。

许福林宅

位于歙县许村镇许村金村自然村 026 号，建于清代。坐西朝东，二进三开间楼房。通面阔 9.2 米，通进深 12.8 米，占地面积 117.76 平方米。门楼有砖雕，窗子上的木雕基本完整。

许淦生、许泽琦宅

位于歙县许村镇许村高阳自然村036号、037号，建于清代。坐西朝东，二进三开间二层建筑。通面阔9.6米，通进深12.78米，占地面积122平方米。门楼有简易砖雕，内部窗子、斜撑等有简单雕刻。

许观成宅

位于绩溪县伏岭镇水村65号，建于清代晚期。坐北朝南，占地面积85.6平方米。一进三开间二层建筑。硬山式屋顶，外围封火墙，三合土地坪。二楼装置裙板和矮窗，前檐设一天井，撑拱承挑出檐，抬梁穿斗并用式梁架，前有庭院，门楼上彩绘『文王访贤』图，室内木雕构件雕刻精美。

许观基宅

位于歙县许村镇许村西沙自然村023号，建于清代。坐北朝南，一进三开间楼房。通面阔9.5米，通进深6.1米，占地面积58平方米。门楼图绘完整。大门上方有漏窗。

许光绪宅

位于黄山区仙源镇水东村许村组，建于晚清。坐北朝南，二进三开间。占地面积156平方米，高约5.5米。木架结构穿斗式，斜纹水门汀地面，平铺式明堂，白灰砖墙，天棚望砖。明堂上檐有斜撑8个。

许桂娟宅

位于歙县许村镇许村东升自然村，建于清代。坐东朝西，一进三开间二层建筑。通面阔6.8米，通进深6.5米，占地面积44.2平方米。一层没有房间，原为烤饼店。

许国富宅

位于祁门县历口镇许村四组（新路17-3号），建于清代。坐北朝南，一进三开间砖木结构二层建筑。通面阔10米，通进深10.4米，占地面积104平方米。前有院子，正屋大门朝东开设，砖制门罩，前设天井，青石、木板铺设地面。

许国媚宅

位于绩溪县家朋乡磡头村大夫第7号，建于清代晚期。坐东南朝西北，占地面积96平方米。由正厅和一附属房组成。正厅为二进三开间二层建筑。抬梁穿斗并用式梁架，撑拱承挑出檐，前进的前檐檐部设一天井，三合土地坪，室内的斜撑、挂落、窗栏板雕刻精美。

许国平宅

位于歙县雄村镇朱村，建于清末。坐南朝北，一进三开间二层建筑。通面阔6.8米，通进深10.1米，占地面积68.68平方米。一楼未装修。

许国仙宅

位于歙县徽城镇渔梁街，建于清代。坐北朝南，木质结构二层建筑。通面阔4.2米，通进深6.5米，占地面积27.3平方米。玻璃格子门窗。一层曾改建。

许国英故居

位于黄山区谭家桥镇谭家桥组，建于清代。占地面积159.43平方米。二进三开间。木架结构穿斗式。整体框架、墙体、木构件保存完好，水门汀地面，平铺式天井，有斜撑8个、月梁1对、格子门1块、格子窗4副。

许海生宅

位于徽州区潜口镇唐模村四组，建于清代。坐北朝南，建筑面积123.08平方米。三开间一脊翻两堂前后天井砖木结构二层建筑。进门天井，明间为厅，两次间为住房，隔断砖竖砌。脊后亦为三间，西厢无装修，东边通厨房，西边为长廊。

许红军等宅

位于黄山区仙源镇水东村许堪组，建于晚清。占地面积276.8平方米。主宅二进三开间，西侧为倚屋，一进三开间。木架结构穿斗式，斜方格纹水门汀地面，地沟式天井，板壁墙，天棚望板。

许化家宅

位于歙县许村镇许村高阳自然村，建于清代。坐东朝西，一进三开间。通面阔10.9米，通进深9.67米，占地面积105平方米。简易门楼有砖雕，窗子、斜撑等构件有雕刻，部分构件被破坏。

许煌辉、许绍业宅

位于歙县许村镇许村金村自然村，建于清代。坐西朝东，一进三开间二层建筑。通面阔8.3米，通进深7.8米，占地面积64.74平方米。结构简单。

许惠培、许庆意宅

位于歙县许村镇许村前溪自然村064号，建于清代。坐北朝南，二进三开间。通面阔9.8米，通进深12.3米，占地面积120.54平方米。分前后两进。中间为天井、厢房。整栋房子保存较好。

许家丁宅

位于祁门县历口镇许村三组（老街68-5号），建于明代。坐北朝南，三开间前后厅二房带二厢砖木结构二层建筑。通面阔10.6米，通进深16.5米，占地面积175平方米。有院，砖雕双面门罩，前设天井，青石、木板铺设地面。

许家凯宅

位于绩溪县家朋乡磡头村怀恩堂27号，建于清代中晚期。坐东南朝西北，占地面积52平方米。由正厅和一附属房组成，正厅两层，抬梁穿斗并用式梁架，前檐檐部设一天井，现天井已改，三合土地坪，附属房为厨房，外围封火墙，室内的木雕构件雕刻精美，整栋建筑保存完整。

许家泽故居

位于歙县许村镇许村东升自然村，建于清代。坐北朝南，内设主厅带天井。主房面阔10.9米，进深14米，占地面积152.6平方米。边房面阔5.3米，进深14米，占地面积74.2平方米。2006年被列为歙县重点文物保护单位

许家宅

位于歙县徽城镇斗山街，建于清初。二进三开间砖木结构二层建筑。通面阔10.25米，通进深13.8米，占地面积141.5平方米。过门廊、天井即上堂，堂前二层加披檐，月梁、楼板下有包袱锦彩绘。1988年被列为歙县重点文物保护单位。

许建和宅

位于歙县许村镇许村东升自然村，建于清代。坐西朝东，二进三开间楼房。通面阔7.5米，通进深22米。前面为正屋，后面为厨房。

许建民等宅

位于歙县许村镇许村前溪自然村，建于清代。坐西朝东，二进三开间。通面阔10.3米，通进深13.5米，占地面积139.05平方米。厢房两边格子门基本保存完整。门楼砖雕被石灰盖住。

许建新宅

位于歙县许村镇许村环泉自然村，建于清末。坐西朝东，由南北两栋组成。南宅一进三开间带天井，通面阔8.2米，通进深5米。北宅一进二开间，通面阔7.25米，通进深5.8米。结构简单，无雕刻。

许金禄宅

位于祁门县古溪乡古溪村，建于清代。坐西朝东，回形砖木结构二层建筑。通面阔9.5米，通进深10米，占地面积95平方米。正大门木结构特色显著，月梁、斜撑保存较好，中设天井，青石、木板铺设地面，砖雕门罩。

许金荣宅

位于歙县徽城镇南屏村忠堡自然村，建于清代。坐北朝南，二进三开间有天井砖木结构建筑。通面阔7.75米，通进深11.3米，占地面积约87.5平方米。有门楼。

许锦忠宅

位于歙县雄村镇庄源村，建于清代。坐西朝东，二进三开间带天井。通面阔10.9米，通进深14.18米，占地面积154.6平方米。有简易砖雕，有冬瓜梁和格子窗。有斜撑。

许进旺等宅

位于歙县徽城镇就田村，建于清代。坐北朝南，一进三开间砖木结构二层建筑。通面阔8.7米，通进深9.3米，占地面积约81平方米。门楼有砖雕。

许举辉宅

位于徽州区潜口镇唐模村，建于清代。坐北朝南，建筑面积70.6平方米。三开间二阁厢二层建筑。正屋三间，明间为厅，次间为住房。明间两道月梁，有丁字拱。楼上三间，明间为厅，次间为房，上有天花，屋面有望砖。

许康旺宅

位于黟县宏村镇屏山村，建于清末。坐南朝北，通面阔16.97米，通进深5.97米，占地面积101平方米。三开间带二厢二层建筑。右厢侧耳门通厨房，主体建筑保存较好。

许来金、仇红英宅

位于歙县许村镇许村高阳自然村，建于清代。坐东朝西，二进三开间二层建筑。通面阔8.1米，通进深11.3米，占地面积59平方米。有门楼，窗子等构件有雕刻。

许立栋宅

位于歙县许村镇许村高阳自然村012号，建于清代。坐西朝东，一进三开间二层建筑。通面阔9米，通进深7.78米，占地面积70平方米。内部隔扇门、窗子、斜撑等构件有精美雕刻。

许立宏宅

位于歙县许村镇许村高阳自然村157号，建于清代。坐北朝南，一进三开间。通面阔9.2米，通进深5.66米，占地面积52平方米。屋面渗漏，斜撑等构件被毁。

许立坦宅

位于歙县许村镇许村高阳自然村，建于清代。坐东朝西，二进三开间二层建筑。通面阔21.34米，通进深17.83米，占地面积382平方米。内部部分构件有雕刻。

许立威二号宅

位于歙县许村镇许村高阳自然村013号，建于清代。坐东朝西，有楼。前檐面阔3.9米，后檐面阔5.89米，进深12.6米，占地面积49.14平方米。

许立威一号宅

位于歙县许村镇许村高阳自然村013号，建于清代。坐东朝西，二进三开间。通面阔10.14米，通进深12.7米，占地面积123.19平方米。内部斜撑等构件有雕刻，部分雕刻被破坏。

许立兴、许小孚宅

位于歙县许村镇许村西沙自然村，建于清代。坐南朝北，一进三开间二层建筑。通面阔9.65米，通进深8.2米。

许立源宅

位于歙县许村镇许村高阳自然村015号，建于清代。坐西朝东，二进三开间。通面阔7.4米，通进深12.2米，占地面积90.28平方米。前进大门两边有2个房间，后进为一厅堂。

许丽菊宅

位于歙县许村镇前村东山自然村，建于清代。坐东朝西，一进五开间二层建筑。通面阔10.6米，通进深7米，占地面积74.2平方米。中进三间为厅堂，两边为房间。

许丽云宅

位于歙县许村镇许村西沙自然村051号，建于明末。坐西朝东，三进五开间。通面阔17.65米，通进深21.36米，占地面积377平方米。中进为大厅，保存较完整。内部梁枋等构件有雕刻，月梁等构件有彩绘。

许良忠宅

位于休宁县齐云山镇岩脚村前村自然村，建于清代。坐南朝北，一进三开间。占地面积75.2平方米。门罩砖雕饰花卉及『卍』字，柱础方形，雀替雕花卉、土龙；斜撑饰花卉、蝙蝠，木隔扇窗雕花卉，裙板饰松竹、鸟禽图案。

许烈宏等宅

位于歙县许村镇许村环泉自然村133号，建于清代。坐北朝南，二进三开间四合式二层建筑。通面阔9.4米，通进深10.6米，占地面积约100平方米。门楼砖雕完整，并镌有『正谊明道』四字。

许六忠宅

位于歙县上丰乡蕃村许家自然村，建于清代。坐南朝北，一进三开间楼房。通面阔8.7米，通进深5.5米，占地面积47.85平方米。

许满时宅

位于绩溪县家朋乡磡头村，建于清代中期。坐西朝东，占地面积130平方米。上下对堂，二楼通转，中间设一天井，进大门有一木质影壁，抬梁穿斗并用式梁架，三合土地坪，外围封火墙，建筑保存基本完整。

许茂有等宅

位于歙县徽城镇就田村，建于清代。坐北朝南，通面阔6.1米，通进深10.8米，占地面积66平方米。砖木结构二层建筑。有简易门楼。

许美宅

位于歙县雄村镇义成村，建于清代。坐北朝南，一进三开间楼房。通面阔16米，通进深18米，占地面积288平方米。门罩较完整，部分倒塌。

许明辉宅

位于歙县徽城镇就田村，建于清代。坐北朝南，二层建筑。通面阔8.7米，通进深8.6米，占地面积75平方米。门楼有砖雕。

许乃定宅

位于歙县许村镇许村青山头自然村008号，建于明末。坐西朝东，一进三开间二层建筑，底层后进为一厅堂。通面阔7.3米，通进深13.4米，占地面积98平方米。简易门罩，有简单砖雕。

许年喜宅

位于歙县许村镇许村环泉自然村075号，建于清代。坐西朝东，一进三开间二层建筑。通面阔9.4米，通进深8米，占地面积75平方米。窗栏、梁撑完整。门楼有简易砖雕。

许平宅

位于歙县徽城镇就田村，建于清末。坐北朝南，二进三开间带天井二层建筑。通面阔9.8米，通进深13.85米，占地面积136平方米。门楼砖雕被破坏。

许平宅

位于绩溪县家朋乡磡头村怀恩堂7号对面，建于清代晚期。坐南朝北，占地面积55平方米。一进三开间二层建筑。东边有一间厢房，室内无木雕构件，建筑别具特色。梁架和基础较好。

许其祥宅

位于歙县许村镇许村金村自然村，建于清代。坐西朝东，一进三开间楼房。通面阔9米，通进深6.7米，占地面积60.3平方米。建筑简单，无雕刻，现大门上面保留毛笔所书『其祥』二字。

许强明宅

位于歙县许村镇许村东升自然村092号，建于清代。坐西朝东，三进三开间。通面阔10.15米，通进深21.5米。中进为厅，无房间，后进三层。整栋房子基本保持原貌，前进厢房上沿有『卍』字格窗。门楼有砖雕。

许庆玖宅

位于绩溪县家朋乡磡头村14号，建于清代中期。坐西朝东，占地面积85平方米。一进三开间二层建筑。东西厢房，抬梁穿斗并用式梁架，三合土地坪，外围封火墙，建筑内略施雕刻。整座建筑保存完整，梁架和基础较好。

许秋富宅

位于歙县徽城镇就田村，建于清代。坐北朝南，二进三开间。通面阔5.6米，通进深11米，占地面积62平方米。砖木结构二层建筑。有门楼（麻石），砖雕格子门窗，天井较小。

许仁恩宅

位于歙县许村镇塔山村罗田自然村，建于清代。坐西朝东，一进三开间带二厢带天井二层建筑。通面阔9.45米，通进深8.7米，占地面积82.2平方米。大门朝南开，格子门、木雕基本保存完整。有门楼。

许仁贤宅

位于歙县许村镇塔山村罗田自然村，建于清代。坐西朝东，大门朝南开，二进三开间带天井二层建筑。通面阔9米，通进深12.2米，占地面积109.8平方米。门楼有彩绘，无雕刻，格子窗门有简单木雕。

许荣生宅

位于歙县许村镇许村环泉自然村142号，建于清代。坐西朝东，一进三开间二层建筑。通面阔9.7米，通进深8.4米，占地面积81.8平方米。大门设在右厢房，原有天井，现已盖上，无雕刻。

许上廉宅

位于徽州区岩寺镇广惠居委会八组，建于清代。坐北朝南，建筑面积154.7平方米。三开间显厅前后天井二层建筑。脊前明间为厅，两次间装小房，脊堂较浅。脊后厅较宽敞为显厅，楼上三间分割，屋面装望砖。

许绍红宅

位于歙县许村镇许村金村自然村060号，建于清代。坐西朝东，一进三开间楼房。通面阔9米，通进深7.6米，占地面积68.4平方米。大门开在左侧。

许绍淇宅

位于歙县许村镇许村环泉自然村，建于清末。坐北朝南，二进三开间。通面阔13.4米，通进深13米，占地面积175.54平方米。东侧山墙上有墨书标语『白军士兵暴动起来当红军』。1934年12月，方志敏率北上抗日先遣队红十军团部和第二十军经皖南北上，宣传抗日，标语为当时所留。

许社林宅

位于歙县许村镇许村前溪自然村，建于明正德年间。坐西朝东，通面阔10.14米，通进深8.9米。门楼为简易叠涩做法，左右有廊，厅5间，梭柱，覆盆础，左右月梁各有1对驼峰，中置栌斗，上出双拱，以承搁栅。梁上有彩绘，两端有丁拱，小梁上亦有驼峰。楼上中厅有一匾，上书『奋翼南天』四字。2006年被列为全国重点文物保护单位。

许身山宅

位于歙县上丰乡蕃村许家自然村，建于清代。坐东朝西，二进三开间楼房。通面阔8.75米，通进深11.45米，占地面积100.18平方米。天井有廊，上下堂有厢房，砖雕门楼。

许诗兴等宅

位于歙县富堨镇青山村新亭组，建于清代。坐北朝南，二进三开间二层建筑。通面阔9米，通进深13.3米，占地面积119.7平方米。下堂有厢房，天井有廊，雕花屏门装隔。

许士曙宅

位于徽州区潜口镇唐模村，建于清代。坐西朝东，建筑面积143.85平方米。三开间二对堂四合式砖木结构二层建筑。上堂三间，明间为厅，两次间为房。楼上分割与楼下一样，屋面铺望砖，檐口望板。

许仕茂宅

位于歙县许村镇塔山村罗田自然村，建于清代。坐西朝东，一进三开间带二厢带天井二层建筑。通面阔9.8米，通进深8.6米，占地面积84.28平方米。大门朝南开，梁撑不完整。

许述德宅

位于歙县许村镇许村西沙自然村012号、013号，建于明末。坐西朝东，二进三开间楼房。通面阔14.1米，通进深13.9米，占地面积196平方米。门楼有砖雕，内部隔扇、斜撑等构件有雕刻。

许述文、许正平宅

位于歙县许村镇许村金村自然村075号，建于清代。坐北朝南，二进三开间楼房。通面阔8.9米，通进深13.55米，占地面积120.59平方米。简易门楼，底层一半窗栏板、门窗的木雕已毁。

许素琴宅

位于歙县许村镇许村高阳自然村043号，建于清代。坐东朝西，二进三开间二层建筑。通面阔6.95米，通进深11.44米，占地面积79.5平方米。

许天明宅

位于歙县雄村镇雄村山根组29号，建于清代。坐北朝南，一进三开间。通面阔9米，通进深6.7米，占地面积60.3平方米。整体结构保存较好。

许维邦、许维平宅

位于歙县许村镇许村青山头自然村011号，建于清代。坐东朝西，二进三开间二层建筑。通面阔5.75米，通进深12.6米。结构简单。

许文斌宅

位于徽州区岩寺镇洪坑村里管自然村18号，建于清代。坐东朝西，建筑面积74.96平方米。三开间带二厢。厢房六直棂窗扇。清水槛墙，地面方砖正铺，屋面铺望砖。楼上两厢与边间相连成房间。

许锡辉宅

位于歙县许村镇许村环泉自然村024号，建于清代。坐北朝南，一进三开间楼房。通面阔10.25米，通进深9.16米，占地面积93.89平方米。

许习承宅

位于歙县徽城镇斗山街，建于清代。坐北朝南，二进三开间。通面阔9.93米，通进深16.5米，占地面积163.8平方米。大门前有上马石，前进天井较为狭小，后进有天井，西边楼梯上楼，东西两边厢房，后进后面有一狭长储藏间。

许小德宅

位于祁门县古溪乡古溪村毛坦自然村，建于清末。坐西南朝东北，三开间中天井回形砖木结构二层建筑。通面阔9.5米，通进深11.2米，占地面积106平方米。下有水池，青石、木板铺设地面，屋内格子窗、斜撑等保存尚可。

许小金、许金榜宅

位于歙县许村镇许村东升自然村，建于清代。坐西朝东，二进三开间带天井二层建筑。通面阔7.9米，通进深12米，占地面积94.8平方米。斜撑已毁。

许小牛宅

位于歙县雄村镇庄源村，建于清代。坐北朝南，二进三开间带天井二层建筑。通面阔9.45米，通进深10.51米，占地面积99.32平方米。有门套、格子窗、格子花板、方石础。

许小巧宅

位于徽州区潜口镇唐模村罗家巷，建于清代。坐北朝南，建筑面积88.73平方米。一进三开间二阁厢二层建筑。进门为小厅，两庑装厢房。上堂三间，明间为厅，两次间为房。楼上三间，明间为厅，次间为房，屋面铺望板。

许鑫富宅

位于黟县碧阳镇星火村中光组，建于清代。坐北朝南，通面阔9.45米，通进深8.5米，占地面积80.3平方米。三开间带二厢有天井砖木结构二层建筑。木构架承重。木构架、装修等较完整，构配件、隔扇等制作较好，门楼较好。

许学铭、许立刚宅

位于歙县上丰乡蕃村许家自然村，建于清代。坐东南朝西北，一进三开间二过厢楼房。通面阔10.2米，通进深8.2米，占地面积83.64平方米。门楼砖雕，内窗均有木雕。

许耀发宅

位于绩溪县家朋乡磡头村15号，建于清代早期。坐北朝南，占地面积114平方米。东西厢房二层建筑。前檐设天井，撑拱承挑出檐，抬梁穿斗并用式梁架，三合土地坪，外围封火墙，室内的木雕构件雕刻精美。

许银仙宅

位于歙县溪头镇洪村口村，建于清代。坐北朝南，二进三开间二层建筑。通面阔7.1米，通进深12.9米，占地面积73.2平方米。南侧开门，两道大门。

许永盛等宅

位于歙县徽城镇斗山街，建于明末清初。坐北朝南，三进三开间带天井。通面阔10.31米，通进深16.2米，占地面积168平方米。冬瓜梁上有木雕，斜撑木雕有损毁，门楼上有砖雕，为飞禽和花草。

许友凤、许小来宅

位于歙县许村镇许村环泉自然村021号、022号，建于明末。坐西朝东，二进三开间四合式二层建筑。通面阔10.4米，通进深15.25米，占地面积158.6平方米。门楼上4块砖雕完整。

许幼明宅

位于歙县许村镇许村高阳自然村182号，建于清代。由正房和偏房组成，正房坐东朝西，一进三开间带天井二层建筑。通面阔10米，通进深6.8米，总占地面积97平方米。内部窗、斜撑等构件有雕刻。正房南侧有一偏房，面阔4.8米，进深6.8米。主房楼梯设在天井旁。

许宇生宅

位于黟县碧阳镇赤岭村，建于清末。坐东朝西，通面阔9.4米，通进深13.45米，占地面积126.4平方米。三开间前后厅有天井砖木结构二层建筑。木构架承重，木构配件、隔扇等较好，砖门楼保存完好。

许玉娟宅

位于歙县许村镇许村东升自然村，建于清代。坐西朝东，三进三开间。通面阔7.9米，通进深18.2米，占地面积143.78平方米。前进底层不设房间，曾作为药铺，中进为住房，斜撑、窗子等构件有雕刻，保存基本完整。

许玉生等宅

位于歙县徽城镇就田村，建于清代。坐北朝南，一进三开间砖木结构二层建筑。通面阔9.7米，通进深7.1米，占地面积约69平方米。青石门楼，有砖雕。

许元浩宅

位于徽州区潜口镇唐模村六组，建于清代。坐北朝南，建筑面积111.15平方米。三开间二阁厢二层建筑。上堂三间有楼，明间为厅，两次间为住房。坎上为花格子窗门，柱头有回纹斜撑。楼上三间也为一厅两房，屋面有望砖。

许元华等宅

位于黄山区甘棠镇甘棠社区前山组，建于清代。占地面积268.14平方米。二进五开间。两进间有天井，木架结构穿斗式，白灰墙，天棚望砖。无卷棚，中柱直接到顶。天井上檐有斜撑8个，雕有人物、走兽等。

许远恒宅

位于绩溪县伏岭镇江南村140号，建于清乾隆年间。坐北朝南，占地面积75.5平方米。一进三开间二层建筑。前檐有一天井，东西厢房，三合土地坪，外围封火墙，大门中间书有『昇平人瑞』，上书『乾隆癸卯年菊月』，下书『百岁寿翁许宗益建』，中间一方砖上有一印，书有『御书钦赐』。

许月宅

位于歙县许村镇许村高阳自然村003号，建于清代。坐西朝东，三开间二过厢二层建筑。通面阔8.9米，通进深13.3米，占地面积118.37平方米。正屋后面为厨房。

许岳云宅

位于歙县雄村镇雄村，建于清末。坐西朝东，一进三开间二层建筑。通面阔9米，通进深6.7米，占地面积60.3平方米。外观保存尚好。

许跃跃宅

位于歙县许村镇许村高阳自然村135号，建于清代。坐东朝西，二进三开间。通面阔9.4米，通进深10.04米，占地面积94平方米。宅内窗栏、斜撑、格子门等构件有雕刻，保存完整。

许越陶宅

位于休宁县海阳镇下汶溪村口近X044公路处，建于清代。占地面积120.19平方米。一进四合式二层建筑。木架结构穿斗式。门罩精美，自上而下依次雕刻八宝、『卍』字、『寿』字、『伍子胥过昭关』戏曲故事和花草图案。内部柱头雀替雕刻花草图案，斜撑雕刻八仙人物。柱础为圆鼓状。

许韵琴宅

位于歙县上丰乡上丰村祁家巷，建于清代。坐东朝西，二进二开间楼房。通面阔5.25米，通进深10.9米，占地面积57.23平方米。为边房，正房在太平天国时被毁坏。

许再华、许正中宅

位于歙县许村镇许村环泉自然村，建于清代。坐西朝东，二进三开间。通面阔8.7米，通进深10米，占地面积87平方米。

许再华等宅

位于歙县许村镇许村环泉自然村，建于清代。坐西朝东，二层建筑。通面阔5.7米，通进深11米，占地面积62.7平方米。天井前8扇格子门尚存。

许振东宅

位于徽州区潜口镇唐模村六组，建于清代。坐北朝南，建筑面积138.95平方米。三开间上下二对堂二层建筑。临水街。门厅长条砖铺地，两次间辟为住房。楼上走马楼，亦为三间分割，有天花、望板。

许正钧宅

位于歙县许村镇塔山村六组，建于清代。坐北朝南，一进三开间带二厢带天井二层建筑。通面阔9.5米，通进深8.75米，占地面积83.1平方米。屋顶上有望砖，无砖木雕刻。

许正坤宅

位于歙县雄村镇庄源村二组，建于清代。坐北朝南，二进三开间。通面阔7.15米，通进深8.43米，占地面积60.3平方米。有冬瓜梁，有梁柁。结构简单。

许志高宅

位于歙县许村镇许村高阳自然村一组，建于清代。坐北朝南，二进三开间楼房。通面阔16.1米，通进深19.45米，占地面积313.15平方米。前进为厅楼，厅后是三间楼房，楼房东面是厨房、庭院，靠河边檐下置有美人靠。内部木雕精美。

许祖训宅

位于祁门县历口镇许村一组（老街68-4号），坐北朝南。一进三开间二房带二厢砖木结构二层建筑。通面阔9.4米，通进深8.4米，占地面积79平方米。砖制门罩，前设天井，青石、木板铺设地面。

学甫堂

位于黟县西递镇西递村，建于清道光年间。坐北朝南，主体通面阔10.45米，通进深8.35米，建筑面积323.6平方米，占地面积206.6平方米。三开间二层建筑。

学宪第门楼

位于歙县雄村镇雄村，建于明嘉靖年间。坐东朝西，双柱单开间三层建筑。高5.1米。门楼砖砌，镌刻『恩荣』『学宪第』等字样。2006年被列为歙县重点文物保护单位。

衍庆堂

位于婺源县浙源乡凤山村115号，建于清代。查起汉宅。坐东朝西，砖木结构，由客馆、厅堂、余屋组成。临巷门为石券门，上方布满砖雕，且保存完整，下方石础有雕饰。穿过石券门，左侧有二层客馆，门窗、梁枪布满雕刻。前方为余屋，右侧为厅堂。大门水磨砖门面，砖雕、石雕均保存完整。门额处原刻『大夫第』，现不存。厅内中为天井，四周梁枋布满雕饰，但木构件已施油漆。2005年被列为婺源县重点文物保护单位。

衍瑞堂

位于歙县三阳镇三阳村，建于清代。坐西朝东，二进三开间一明堂二层建筑。通面阔9.8米，通进深16.05米，占地面积157.29平方米。有大院，院子通面阔9.8米，通进深14.3米，占地面积140.14平方米。曾作为药店，又称『老药店』，门楼砖雕精美，保存较完整，院南居已售予他人。

衍通堂

位于歙县昌溪乡昌溪村周邦头自然村周氏宗祠右侧，华德堂右隔壁，建于清末。坐西北朝东南，一进一开间。通面阔6.2米，通进深5.8米，占地面积36平方米。前有门楼，室内无雕刻。

燕翼堂

位于徽州区呈坎镇呈坎村，建于明代。坐西朝东，建筑面积176.91平方米。二进三开间三层建筑。大门居中，上有垂花门式烧雕门罩，门内设廊，12组斗拱承檐枋，栌斗圆形透雕，属孤例。前进三间为厅，施月梁、驼峰、雕花雀替。楼梯设在两廊内，朝北面开门，后进照壁后开门通巷，三层较低矮。2001年作为呈坎村古建筑群的组成部分被列为全国重点文物保护单位。

阳边山众宅

位于歙县杞梓里镇小源村，建于清末。坐北朝南，二进三开间砖木结构二层建筑。占地面积130平方米。青石门框，饰以砖雕门楼。

阳湖外边溪1号宅

位于屯溪区阳湖镇外边溪，建于清代。占地面积约212平方米。由两幢一进三开间砖木结构二层建筑组成。穿斗式构架，明间为厅，两次间为厢房，厢房天花铺设竹编凉顶，花窗、雀替、斜撑等木构件雕花装饰，二楼檐栏有排窗。

阳湖外边溪20号宅

位于屯溪区阳湖镇外边溪，建于清代。坐东朝西，二进三开间砖木结构二层建筑。占地面积约103平方米。穿斗式构架，硬山式屋顶。前进明间为厅，次间为厢房，堂屋、厢房地铺木板，天井石板铺地，堂屋和天井无落差。二楼檐栏有格子排窗。

阳湖外边溪53号宅

位于屯溪区阳湖镇外边溪，戴家住宅，建于清代。坐北朝南，二进三开间砖木结构二层建筑。占地面积约471平方米。前进为大厅，后进为走马楼，抬梁穿斗并用式构架，硬山式屋顶。前有庭院，庭院右侧设厨房。

阳湖余庄路48号宅

位于屯溪区阳湖镇余庄路，建于清末。坐北朝南，三开间砖木结构二层建筑。占地面积约253平方米。穿斗式构架，硬山式屋顶，东有边屋和庭院，边屋饰以隔扇门、美人靠，耳房窗户雕刻宝瓶花卉图案，斜撑尚存，雀替缺失。

杨八生宅

位于黟县西递镇叶村，建于清代中晚期。坐东朝西，通面阔7.99米，通进深6米，占地面积47.6平方米。三开间带二厢二层建筑。左侧耳门为入口，屋前右边有一半圆门通厨房。天井上空现已盖瓦顶。

杨宝琴宅

位于歙县坑口乡阳坑村四安组，建于清末。坐西北朝东南，三开间砖木结构建筑。通面阔9.16米，通进深4.96米，占地面积45.4平方米。左边有小厢房，正大门有简易砖门楼。

杨德红宅

位于黄山区乌石乡乌石村后村组，建于清代。坐北朝南，占地面积103.46平方米。木架结构穿斗式，三合土地坪，平铺式明堂，板壁墙，天棚望板。

杨光辉、杨凤英宅

位于黟县西递镇叶村，建于清代中晚期。坐东朝西，通面阔7.63米，通进深7.11米，占地面积54平方米。三开间带二厢有天井二层建筑。左厢上楼，右厢侧耳门为入口，屋前设墙院，院墙外为小溪。三合土地坪，门楼雕刻保存较好。

杨家大厅

位于歙县徽城镇斗山街，建于清初。坐北朝南，二进三开间二层建筑，官宦宅第前厅。通面阔10米，通进深24米，占地面积240平方米。大门开在前廊左侧，门前左右有上马石，门罩宽4米，高8米，砖雕精细。2017年被列为黄山市重点文物保护单位。

杨金爱宅

位于黟县柯村乡翠林村，建于清代。坐东朝西，通面阔11.3米，通进深10.55米，占地面积114.2平方米。三开间上厅下堂有天井二层建筑。正前面大门，照壁后上楼，前檐设卷棚轩。

杨金星、杨凤英宅

位于黟县西递镇叶村，建于清代。坐东朝西，通面阔9.03米，通进深12.12米，占地面积101平方米。三开间带二厢有天井二层建筑。右厢上楼，大门前有一巷道通厨房，隔扇窗罩、拱风等制作精致，保存完整。

杨来善宅

位于徽州区西溪南镇竦塘村伦塘头自然村，建于清代。坐北朝南，建筑面积75平方米。三开间上下对堂二层建筑。门厅两次间，窗上双开格子门，有窗栏板。上堂三间，一厅两次间，两次间柱头有雕花斜撑，楼上为走马楼。

杨林宅

位于黟县宏村镇际村岭头组，建于清代。坐北朝南，通面阔10.6米，通进深9.64米，占地面积102.1平方米。三开间带二厢有天井二层建筑。照壁后上楼，右厢侧耳门通偏厅，大门朝前。

杨隆兴宅

位于黄山区耿城镇沟村共兴组，建于清末。一进三开间沿街式作坊店面。占地面积81.2平方米，高约5米。木架结构穿斗式，水门汀地面，有阁楼。

杨树清宅

位于黟县西递镇源川村里源坑组，建于清末。坐南朝北偏西，通面阔9.99米，通进深18.9米，占地面积168.2平方米。三开间带二厢二层建筑。后檐墙设门通厨房。前门为院落，从厨房上楼，条砖铺地，整体保存较好。

杨伟宅

位于徽州区潜口镇澄塘村西边，建于清代。坐西朝东，建筑面积79.09平方米。三开间二阁厢砖木结构二层建筑。明间大方砖斜铺地，两次间住房，向明间开门，向明堂开窗，隔断砖竖砌。楼上楼下髹漆，明间前檐柱披麻作灰。

杨文会故居

位于黄山区乌石乡长芦村岭四组，建于清代。占地面积124.25平方米。一进三开间。前有宅院，右厢有偏房1间。木架结构穿斗式，三合土地坪，平铺式明堂，方柱板壁，天棚望板，月梁斜撑4个，方梁，二楼两厢房，格子门窗，外墙未粉刷，素面。

杨文漠等宅

位于徽州区潜口镇潜口村友谊队，建于清代。坐北朝南，建筑面积309.1平方米。大门有门罩，斜钉小方砖。前进和中进为一脊两堂，上堂三间显厅。中进三开间带二厢二层，楼下楼上均明间为厅，次间为房。

杨文蔚宅

位于徽州区潜口镇潜口村友谊队，建于清代。坐东北朝西南，建筑面积113.4平方米。三开间上下对堂中天井二层建筑。下堂两次间装为房。上堂为三间显厅，两边墙砖装饰，楼上空间无装修，走马楼，下堂屋面有望砖，上堂无望砖。

杨细玉宅

位于休宁县陈霞乡陈霞村霞瀛自然村，建于清代。坐西朝东，一进五开间。占地面积97.56平方米。地铺白麻石，柱础方形，地袱石装饰变形『卍』字，雀替雕饰花卉、如意等。

杨霞玉宅

位于黟县西递镇叶村，建于清代中期。坐东朝西，通面阔7.21米，通进深6.36米，占地面积45.7平方米。统开间带二厢有天井二层建筑。前檐圆形直梁及列梁清代形制明显，三合土地坪，椽上有望砖。

杨晓明等宅

位于黄山区谭家桥镇中墩村下江组，建于清末。二进三开间。占地面积约154平方米，高约5.5米。木架结构穿斗式，斜方格纹水门汀地面，地沟式天井，板壁墙。天棚望砖，卷棚偷柱，月梁为双狮戏球。天井上檐有斜撑8个，格子门扇均存。

杨新元等宅

位于黟县渔亭镇考川村，建于晚清。坐西朝东，通面阔10.8米，通进深17.65米，占地面积190.6平方米。二进三开间前后厅有天井二层建筑。前后厅右侧各设入口，后进照壁后上楼。红料块石铺地。木构架、装修等较完整，内构配件、隔扇、斜撑、雀替等木雕精致，镂空造型。

杨秀娟宅

位于歙县溪头镇洪村口村，建于清代。坐东朝西，三厢两院式。占地面积258.3平方米。大门在边上，雕刻木梁，窗户栏栅式，有雕刻花板，天井边上楼通前后堂。正大门设一天井，花岗岩石料，形状规则。

杨也时宅

位于休宁县渭桥乡板桥村，建于清代。二进三开间二层建筑。占地面积66.97平方米。头进大厅，雀替雕花卉、动物图案，地铺红砂石，柱础方形，二楼栏板、木隔扇窗雕饰大方格。雀替雕花卉、人物，木隔扇窗、裙板均饰方格。

杨元寿宅

位于黟县西递镇叶村，建于清代中期。坐西朝东，通面阔9.92米，通进深6.76米，占地面积67.3平方米。三开间带二厢有天井砖木结构二层建筑。梁撑、雀替制作较好。

杨韵琴宅

位于绩溪县临溪镇孔灵村214号，建于清代中期。坐北朝南，占地面积465平方米。二进三开间二层建筑。前进上下对堂，东西厢房，后进上下对堂，二楼通转，东西厢房，东侧为厨房和附属。三合土地坪，外围封火墙，斜撑、雀替雕工非常精美，门楼砖雕为『西湖十八景』山水图。

杨正安宅

位于黄山区甘棠镇十字畈村河沿组，建于清代初期。占地面积129平方米。三进三开间带天井。木架结构穿斗式，水门汀地面，有网纹，屋顶有天棚望砖，前后都有阁楼，后有倚屋，为厨房，天井处有斜撑8个、梁袱4个。

杨自立宅

位于黟县宏村镇屏山村，建于清末。坐西朝东，通面阔9.66米，通进深13.44米，占地面积134.1平方米。三开间带二厢有天井二层建筑。后檐墙设门通厨房，天井为厢廊，照壁后上楼。

仰高堂

位于黟县西递镇西递村前边溪，建于明末。坐东朝西，通面阔13.2米，通进深10米，占地面积209平方米，建筑面积432平方米。五开间三层建筑。底层并列五间，各为并列的两厢房，一楼正厅较小，二楼并列三开间。二楼置有宽敞的圆柱厅堂，厅的宽度为底层五开间的一半，三楼建筑形式较简洁，月梁、圆柱、白粉隔墙，古老简朴，结构严谨。2001年被列为全国重点文物保护单位。

姚爱菊宅

位于歙县徽城镇渔梁街111号，建于清末。坐北朝南，砖木结构二层建筑。通面阔3.85米，通进深8.2米，占地面积31.6平方米。后进已改建。

姚安武宅

位于歙县霞坑镇崇头村，建于清代。坐西朝东，一进三开间二层建筑。通面阔6米，通进深8.8米，占地面积52平方米。门墙上开数个楼窗采光，堂前南边设有小门通厨房，照壁后有半个楼阁。后门通向村中街道。

姚邦贵宅

位于歙县徽城镇渔梁街197号，建于清代。坐北朝南，砖木结构二层建筑。通面阔9.4米，通进深6.8米，占地面积63.9平方米。圆柱横梁支撑。

姚邦泰宅

位于歙县徽城镇渔梁街，建于清代。坐北朝南，二进一开间。通面阔6.4米，通进深12.5米，占地面积80平方米。玻璃格子门窗。前有门套。现有改建。

姚邦柱宅

位于歙县徽城镇渔梁街117号，建于清末。坐北朝南，砖木结构二层建筑。通面阔4.05米，通进深9米，占地面积36.5平方米。墙体已改建。

姚宝良宅

位于歙县徽城镇渔梁街115号，建于清末。坐北朝南，砖木结构二层建筑。通面阔3.9米，通进深11.06米，占地面积43平方米。墙体已改建。

姚宝云宅

位于歙县徽城镇渔梁街92-13号，建于清末。坐北朝南，砖木结构二层建筑。通面阔8.8米，通进深8.1米，占地面积71.28平方米。门庭有绘画。石砖地面，后进有天井，圆柱横梁结构。墙壁已重修，院子已重建。

姚成功宅

位于徽州区岩寺镇广惠居委会五组，建于清代。坐东北朝西南，建筑面积164.8平方米。二进三开间二层建筑。前进三间，明间为厅，两次间为房。后进较宽敞，上堂明间为厅，两次间为房。楼上三间分割，屋面前檐装望板，明间装望板，次间装望砖。

姚春爱二号宅

位于歙县深渡镇深渡老街，建于清代。坐南朝北，二层三开间二过厢上下对堂。通面阔8.5米，通进深12.6米，占地面积107.1平方米。后进左边有楼梯。

姚春爱一号宅

位于歙县深渡镇深渡老街，建于清代。坐南朝北，三进三开间。通面阔8.7米，通进深25.7米，占地面积224平方米。右边设楼梯。后堂无照明天井。中进为三开间一天井。厅后设楼梯。大门石质门框，粉素墙。

姚春生宅

位于歙县徽城镇渔梁街94号，建于清代。坐南朝北，一进三开间砖木结构二层建筑。通面阔4.4米，通进深8.5米，占地面积约32平方米。

姚德林等宅

位于歙县昌溪乡昌溪村九子巷，建于清代。坐东朝西，通面阔5.8米，通进深8.8米，占地面积51.26平方米。

姚德林杂房

位于歙县昌溪乡昌溪村红心自然村九子巷，建于清代。坐西北朝东南，通面阔7.6米，通进深11.8米，占地面积89.86平方米。内部结构尽毁，只剩进门处厢房，外墙基本完好。

姚东海宅

位于歙县徽城镇渔梁街98–1号，建于清代。坐北朝南，通面阔10.12米，通进深7.05米，占地面积72平方米。带天井砖木结构二层建筑。有格子窗。

姚根宝、姚金木宅

位于歙县许村镇塔山村，建于清代。坐北朝南，二进三开间带天井二层建筑。通面阔10米，通进深15.1米，占地面积151平方米。砖木雕刻『文革』时被破坏。有砖雕门楼。

姚光月宅

位于歙县徽城镇渔梁街，建于清代。坐北朝南，通面阔4.1米，通进深14.65米，占地面积约60平方米。后进已改建。

姚桂端宅

位于歙县徽城镇渔梁街，建于清末。坐南朝北，一进一开间砖木结构二层建筑。通面阔4.35米，通进深5米，占地面积22平方米。木制板门。

姚桂荣、范玉凤宅

位于歙县富堨镇承狮村清溪组，建于清代。坐东朝西，二进三开间二层建筑。前进面阔10.7米，进深12.4米。下堂有厢房。后进面阔10.7米，进深7.8米。总占地面积216.1平方米。

姚国胜宅

位于歙县深渡镇深渡老街，建于清代。坐北朝南，三进三开间二过厢带天井二层建筑。通面阔9.5米，通进深13.9米，占地面积132.05平方米。后进右边设楼梯。前进现已改建。内部四壁木板装修，有大量木雕窗。

姚和平宅

位于歙县徽城镇渔梁街，建于清代。坐南朝北，通面阔11.2米，通进深12.8米，占地面积144平方米。二进有天井，砖木结构二层建筑。楼上有主房和偏房，有格子窗。

姚宏伟宅

位于歙县富堨镇承狮村清流组，建于清代。坐东朝西，一进三开间二层建筑。通面阔8米，通进深10.4米，占地面积83.2平方米。下堂有厢房，梁上有雕花。有砖雕门楼。

姚宏源宅

位于歙县徽城镇渔梁街99号，建于清末。坐北朝南，砖木结构二层建筑。通面阔5.6米，通进深21.8米，占地面积122平方米。

姚蕻宅

位于黟县碧阳镇南屏村，建于清代。坐西朝东，通面阔9.9米，通进深17.75米，占地面积175.7平方米。二进三开间二天井二层建筑。木构配件装修完好，木雕造型生动精美，天花板彩绘、木构架完好。

姚建红等宅

位于歙县小川乡小洲村下门桥北边，建于清代。坐北朝南，二进三开间二层建筑。通面阔11米，通进深14米，占地面积154平方米。下堂两对厢房间有一天井，后有楼梯，上堂厢房有部分木雕花。

姚建平宅

位于歙县深渡镇深渡老街，建于明末。坐南朝北，占地面积32平方米。前厅后房。二楼厅后设楼梯。二楼木板挑城楼。

姚金昌宅

位于歙县杞梓里镇长川村，建于清末。坐西北朝东南，一进三开间。通面阔7.6米，通进深5.6米，占地面积42.6平方米。二层砖木结构，青石门框，有粗糙门楼。

姚金仙等宅

位于休宁县海阳镇齐宁社区东青巷6号，建于清代。坐南朝北，四合式布局。占地面积195平方米。地面铺红砂石，柱础为圆鼓状，雀替雕花草，额枋饰花草，木隔扇窗饰方格图案，裙板下沿有黑色菱形图案。

姚金子宅

位于歙县雄村镇义成村，建于清代。坐西朝东，通面阔12.2米，通进深20米，占地面积244平方米。前进三开间二层建筑，一间厢房和大客厅，后进三开间二层建筑，两边厢房和一间客厅，每进均有一个天井。前进有斜撑，有冬瓜梁，有方形青石础。后进二层有斜撑。大厅内有地面砖，有花窗，后进花窗有损坏。

姚聚华宅

位于歙县徽城镇渔梁街，建于清代。坐东朝西，一进二开间砖木结构二层建筑。通面阔7.15米，通进深3.65米，占地面积26平方米。木制板门。

姚来富宅

位于歙县杞梓里镇长川村，建于清道光中叶。坐东朝西，一进三开间二层建筑。通面阔8.8米，通进深6.8米，占地面积59.8平方米。青石门框。

姚礼义宅

位于歙县徽城镇渔梁街，建于清末。坐南朝北，砖木结构二层建筑。通面阔5.2米，通进深11.5米，占地面积60平方米。

姚利忠宅

位于歙县徽城镇渔梁街，建于清代。坐北朝南，砖木结构二层建筑。通面阔4.9米，通进深9米，占地面积44平方米。房屋结构较简单。

姚林花宅

位于歙县徽城镇渔梁街，建于清代。坐北朝南，二进三开间楼房。通面阔5.35米，通进深12.37米，占地面积66.2平方米。玻璃格子门窗，大厅后有过道，后进有天井。现楼下大部分已改建。

姚茂林宅

位于歙县徽城镇渔梁街70-10号，建于清代。坐北朝南，砖木结构二层建筑。通面阔9.4米，通进深5.95米，占地面积52平方米。楼板已翻新。

姚茂生宅

位于歙县杞梓里镇长川村，建于清末。坐西朝东，一进一开间砖木结构二层建筑。占地面积27.28平方米。青石门框。

姚佩宜、李胜巧宅

位于黟县碧阳镇柏山村姚村组，建于清代。坐西南朝东北，通面阔10.15米，通进深13.8米，占地面积140.1平方米。三开间上下厅中天井带二厢二层建筑。木隔扇、木配件及砖门楼较好。

姚平平宅

位于歙县深渡镇深渡老街，建于清代。坐北朝南，二进三开间楼房。通面阔10.5米，通进深17.9米，占地面积187.95平方米。内部四壁木板装修。中进厅后楼梯，后进另有大门。大门顶镶砖雕，周边铺青砖。

姚清宅

位于歙县徽城镇渔梁街，建于清代。坐北朝南，砖木结构二层建筑。通面阔7.9米，通进深9.3米，占地面积66.2平方米。玻璃格子门窗，前厅有天井。

姚瑞林宅

位于歙县徽城镇渔梁街54号，建于清末。通面阔10米，通进深20米，占地面积200平方米。三进二天井砖木结构二层建筑。木板门改建过。

姚瑞五宅

位于歙县徽城镇渔梁街102–15号，建于清末。坐北朝南，砖木结构二层建筑。通面阔4米，通进深6.5米，占地面积26平方米。墙体已维修。

姚三老宅

位于歙县徽城镇渔梁街92–30号，建于清末。坐北朝南，砖木结构二层建筑。通面阔11米，通进深6.75米，占地面积74平方米。青石门框。

姚善余宅

位于歙县徽城镇渔梁街119号，建于清代。一进一开间砖木结构二层建筑。通面阔4.4米，通进深10米，占地面积约46平方米。

姚生智宅

位于歙县徽城镇渔梁街102–9号，建于清代。坐北朝南，砖木结构二层建筑。通面阔7米，通进深19.6米，占地面积137.2平方米。后进有天井。

姚士安宅

位于歙县徽城镇渔梁街92–58号，建于清代。坐北朝南，砖木结构二层建筑。通面阔5.1米，通进深9.5米，占地面积48.5平方米。

姚士财宅

位于歙县徽城镇渔梁街，建于清代。坐北朝南，二进三开间带天井砖木结构二层建筑。通面阔7.8米，通进深12.2米，占地面积94平方米。

姚士武宅

位于歙县徽城镇渔梁街92-54号，建于清末。坐西朝东，通面阔9.8米，通进深3.1米，占地面积30平方米。开有天窗，青石板铺设地面。

姚士怡宅

位于歙县徽城镇渔梁街70-3号，建于清代。坐北朝南，砖木结构二层建筑。通面阔7.3米，通进深4.2米，占地面积31平方米。结构简单。

姚氏家塾

位于休宁县东临溪镇临溪村（老街489号）临溪小学正对面，建于清代。坐南朝北，占地面积253.2平方米。门罩砖雕饰瓜果、宝瓶等，一进为四合式结构，柱础一侧圆鼓状、一侧方形，雀替、斜撑雕花卉、松树等，木隔扇窗饰花卉、方格，上有『梅花香自苦寒来』图案；偏厅二进三开间，雀替雕花卉、人物，斜撑雕人物、金钱树；二进为四合式结构，雀替雕花卉、人物，斜撑雕仙鹤等，二楼栏板为主格。

姚寿娣宅

位于歙县深渡镇深渡老街，建于清代。坐北朝南，三开间二过厢中天井上下对堂二层建筑。通面阔12.4米，通进深9.1米，占地面积112.84平方米。天井东边开大门。南、东两边大门挑檐，镶大量砖雕。门檐周边镶青砖。屋内也有部分木雕花格窗。

姚水秋宅

位于歙县徽城镇渔梁街59-1号，建于清末。坐东朝西，通面阔3.8米，通进深7.5米，占地面积28.4平方米。砖木结构。

姚土明宅

位于歙县徽城镇渔梁街，建于清代。坐北朝南，一进三开间砖木结构二层建筑。通面阔9.16米，通进深7.21米，占地面积66平方米。

姚土清宅

位于歙县徽城镇渔梁街50-3号，建于清代。坐北朝南，二进三开间砖木结构二层建筑。通面阔9.5米，通进深10.7米，占地面积102平方米。

姚为贵、肖小马宅

位于黄山区永丰乡永丰村新屋组，建于清代。坐西南朝东北，一进三开间，分前后堂。占地面积136平方米，高约6.5米。木架结构穿斗式，斜方格纹水门汀地面，平铺式明堂，板壁墙，天棚望板。

姚仙花宅

位于歙县昌溪乡昌溪村周邦头自然村周氏宗祠右侧(019号)，西南接余庆堂，建于清代。坐西北朝东南，一进三开间。通面阔8.4米，通进深6.8米，占地面积57.12平方米。外墙用青砖砌就，厅堂内大梁梁撑有较精细木雕，厢房窗栏均有木雕。

姚翔宅

位于徽州区西溪南镇西溪南村红旗组，建于清代。坐南朝北，建筑面积206.62平方米。三进三开间二层建筑。前进向内一披水，进门为门厅，两次间装房。上堂三间，显厅为客厅，两次间为房。楼上走马楼，饰天花板，檐口饰望板。

姚小宝宅

位于歙县郑村镇向杲村浩坑组，建于清代。坐北朝南，二进三开间二层建筑。通面阔9.9米，通进深14.45米，占地面积143平方米。木架上存梁撑，有雕刻。楼上厢廊隅板花雕格子门。青砖铺地，天井有格子窗。

姚小巧宅

位于歙县徽城镇渔梁街127号，建于清末。坐北朝南，砖木结构二层建筑。通面阔前为3米，后为11.05米，通进深25米，占地面积158平方米。有格子窗。

姚秀云宅

位于歙县徽城镇渔梁街，建于清代。坐北朝南，通面阔8米，通进深12.1米，占地面积96.8平方米。木质结构二层建筑。圆柱方墩，有改建。

姚学龙宅

位于歙县徽城镇渔梁街，建于清代。坐北朝南，二层建筑。通面阔4.3米，通进深12米，占地面积51平方米。玻璃格子门窗，结构简单。

姚幼昌宅

位于歙县徽城镇渔梁街，建于清末。坐北朝南，三进一开间砖木结构二层建筑。通面阔4.4米，通进深12米，占地面积54平方米。格子门窗。